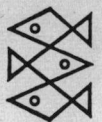
W0110499

Über dieses Buch

In allgemeinverständlicher Form werden Zielsetzung und Probleme der Soziologie knapp und prägnant dargelegt, die verschiedenen Strömungen innerhalb der Soziologie vorgestellt und bewertet. Neben dieser kurzen, aber simplifizierenden Einführung in soziologisches Denken und Arbeiten ist dieser Essay ein Plädoyer mit der Intention, die Soziologie in die Schranken ihrer Möglichkeiten zu verweisen, für eine verantwortliche Trennung von Empirie und Ethik, gegen eine Vulgarisierung der wissenschaftlichen Vorgehensweise.

So erschließt sich dieser Essay ein breites Publikum: Im wissenschaftlichen Bereich wird er neue Denkanstöße geben, dem Laien bringt er die allgemeine Problematik (anhand von Fallbeispielen und durch die Erörterung allgemeiner Gegenwartsprobleme) in verständlicher und tatsächlich bisweilen unterhaltsamer Form nahe.

Die Autoren

Peter L. Berger, 1929 in Wien geboren, lebt seit 1946 in den Vereinigten Staaten, wo er Philosophie und Soziologie studierte. Er ist seit 1970 Professor für Sozialwissenschaften an der Rutgers University in New Brunswick, New Jersey. Er hat eine Reihe vieldiskutierter Bücher veröffentlicht, die zum Teil im S. Fischer Verlag erschienen sind, so »Auf den Spuren der Engel; Die moderne Gesellschaft und die Wiederentdeckung der Transzendenz« (Fischer Taschenbuch 6625); (mit Thomas Luckmann) »Die gesellschaftliche Konstruktion der Wirklichkeit; Eine Theorie der Wissenssoziologie« (Fischer Taschenbuch 6623), »Zur Dialektik von Religion und Gesellschaft; Elemente einer soziologischen Theorie«, S. Fischer, Frankfurt am Main 1973, und »Der Zwang zur Häresie; Religion in der pluralistischen Gesellschaft«, S. Fischer, Frankfurt am Main 1980.

Hansfried Kellner ist Professor für Soziologie an der Universität Frankfurt am Main.

PETER L. BERGER/HANSFRIED KELLNER

Für eine neue Soziologie

Ein Essay über Methode und Profession

Aus dem Amerikanischen
von Willi Köhler

FISCHER TASCHENBUCH VERLAG

FISCHER WISSENSCHAFT

Deutsche Erstausgabe
Fischer Taschenbuch 7336
April 1984
Die amerikanische Originalausgabe
»Sociology Reinterpreted; An Essay on Method and Vocation«
erschien 1981 im Verlag Anchor Press/Doubleday, Garden City, New York
© 1981 Peter L. Berger und Hansfried Kellner
Für die deutsche Ausgabe
© Fischer Taschenbuch Verlag GmbH, Frankfurt am Main 1984
Redaktion: Frank Trümper
Umschlaggestaltung: Mendell & Oberer
Gesamtherstellung: Georg Wagner, Nördlingen
Printed in Germany
1480-ISBN-3-596-27336-6

Inhalt

Vorwort

Mit dem Buch verfolgen wir eine einfache Absicht, nämlich in aller Knappheit und Klarheit neu zu formulieren, worin der soziologische Forschungsansatz gegenüber der menschlichen Realität im wesentlichen besteht. Der Begriff »Methode« bezieht sich nicht auf die von Soziologen verwandten Forschungstechniken, sondern auf die Logik ihrer wissenschaftlichen Untersuchungen. Der Begriff »Beruf« meint, in Einklang mit dem alten Wortgebrauch (Berufung), eine ethisch geprägte, selbstkritische Reflexion der eigenen Arbeit. Mit anderen Worten, das Buch handelt davon, was Soziologen tun, und davon, was sie sind – und, da das Buch eindeutig Aufforderungscharakter besitzt, auch davon, was sie tun und sein *sollten*. Wir haben daher weder eine Einführung in die Soziologie geschrieben noch eine methodologische Abhandlung im strikten (philosophischen) Wortsinne noch einen Überblick über den »Stand der Kunst« (um eine Formulierung zu benutzen, die aus irgendeinem merkwürdigen Grund seit kurzem in Mode gekommen zu sein scheint). Wir haben unser Buch einen »Essay« genannt, um damit seinen leichten, vielleicht sogar unbekümmerten Charakter zu beschreiben. Es ist ein Buch, das man lesen soll, statt sich darin zu vertiefen, und da es uns Freude gemacht hat, es zu schreiben, haben wir auch keine Einwände, wenn der Leser sich hier und da unterhalten fühlt und nicht nur informiert.

Für den Gehalt unserer Argumente beanspruchen wir keine Originalität. Es handelt sich um eine neue Darstellung einer zentralen Tradition in der Soziologie, die sich ganz unmittelbar mit Max Weber identifiziert, in unserem Falle stark beeinflußt durch Alfred Schütz und andere phänomenologisch orientierte Autoren. Wir möchten jedoch kein sektiererisches Manifest vorlegen, sei es ein »Webersches« oder ein »Schützsches«. Nicht jeder wird mit uns übereinstimmen, doch wir haben versucht, uns soweit wie möglich akademischer Polemik zu enthalten und das Bild einer Soziologie zu entwerfen, mit dem sich Anhänger verschiedener Schulen einverstanden erklären können.

Wir fühlten uns gedrängt, dieses Buch zu schreiben, weil wir festgestellt haben, daß ein Übermaß an Konfusion das Feld beherrscht, Konfusion hinsichtlich mancher Grundvoraussetzungen und Verfahrensweisen. Vielleicht mag man auch sagen, hinter unserem Versuch, das Unbehagen, das viele Kollegen bedrückt, zu lindern, stehe ein therapeutisches, wenn nicht seelsorgerisches Motiv. Die Leserschaft, an die wir uns wenden, ist breit, wenngleich wir vor allem jüngere Kollegen im Sinn hatten – jüngere Mitglieder des Lehrkörpers, Graduierte, die nachdenklicheren Studenten unter den höheren Semestern –, mit anderen Worten jene, in denen die Zukunft der Soziologie, so sie denn eine hat, beschlossen liegt. Das Buch mag auch durchaus von Interesse für »Außenseiter« sein, besonders in den anderen Sozialwissenschaften, die ganz ähnliche Probleme haben. Jedenfalls, beim Abfassen des Buches haben wir nicht angenommen, der Leser werde in der soziologischen Literatur besonders bewandert sein, obwohl ein Leser mit einiger Literaturkenntnis zweifellos Aspekte unseres Gedankenganges bemerken wird, die anderen womöglich entgehen. Neulinge in der Soziologie dürften einige der im Anhang zur Lektüre vorgeschlagenen Bücher nützlich finden.

Brigitte Berger überzeugte uns davon, daß ein Buch dieser Art geschrieben werden sollte. Anderweitig beschäftigt, mußte sie ihren Anteil am Buch auf kritisches Interesse und moralische Ermutigung beschränken; doch beide Beiträge sind stets unschätzbar gewesen.

KAPITEL I

Soziologie als Sichtweise

Wandlungsprozesse, darauf ist schon häufig hingewiesen worden, laufen in der modernen Welt äußerst beschleunigt ab. Ziemlich oft scheint dies zu bedeuten, daß sich Institutionen, Gruppen und sogar Individuen in allerkürzester Zeit vom Zustand des Infantilismus zur Senilität fortbewegen. Etwas Ähnliches scheint sich mit der Disziplin Soziologie ereignet zu haben. Noch bis vor kurzer Zeit – das heißt in den 5oer und sogar in den frühen 6oer Jahren – fühlten sich die Soziologen als Angehörige eines neuen, zukunftträchtigen Berufs, während Kritiker von außerhalb wie auch aus den eigenen Reihen die Soziologie dieser oder jener infantilen Störung bezichtigten, sei es hinsichtlich der Theorie, der Methodik oder der Beurteilung ihrer Stellung im Rahmen des gesamten Wissenschaftsbereichs. Heutzutage dagegen scheinen die Soziologen ein Übermaß an Zeit darauf zu verwenden, einander über den Zustand ihres Berufs zu bestärken und zu beruhigen, wie die Insassen eines Pflegeheims, für die es ein Anlaß zum Austausch von Glückwünschen ist, wenn sie überhaupt noch zusammen sind.

Ohne Frage hat diese Demoralisierung zum Teil rein ökonomische Gründe. Die meisten Soziologen sind an Universitäten beschäftigt, und die gravierenden ökonomischen Sorgen der akademischen Welt beeinträchtigen zwangsläufig die Moral und das Selbstbewußtsein ihrer Bewohner. Auch politischen Ärger gibt es, Ärger, der von der Rolle herrührt, die Soziologen im *gauchisme* spielten, in jener Linksbewegung, die sich seit den späten 6oer Jahren auf der intellektuellen Szene in Westeuropa und in Nordamerika herausgebildet hat. Diese Rolle ist von anderen Gruppen in den genannten Gesellschaften kaum mit enthusiastischer Bewunderung bedacht worden. Doch es wäre zu einfach, die Schuld an der ganzen Misere auf diesem Gebiet den leeren Kassen der Universitäten und den »reaktionären« Tendenzen im politischen System zuschieben zu wollen. Die Malaise ist zumindest teilweise zurückzuführen auf die umfassenden, sich immer mehr vertiefenden Konfusionen hinsichtlich des richtigen Verständnisses darüber, was es heißt, Soziologie zu betreiben. Und dies wiederum ist ein weitgehend selbstverschuldetes Problem, das Soziologen nur durch eine *prise de conscience* hinsichtlich ihres Berufs und ihrer Berufung im Rahmen der Wissenschaften und in der Gesellschaft lösen können.

Die Tatsache, daß die Soziologie von vielen Außenstehenden (einschließlich derer innerhalb der akademischen Welt) nicht ernst genommen wird, ließe sich leichter verkraften, wenn die gleichen Zweifel nicht die Reihen der Soziologen selbst ergriffen hätten. Denn niemand, der sich in den verschiedenen Versammlungen ihrer Fachleute herumtreibt, kann die Selbstzweifel und die nicht immer verdeckte Unzufriedenheit mit dem Schicksal des Soziologen-Daseins in dieser Zeit übersehen. Wie immer sind die Selbstzweifel schädlicher als die Zweifel von Außenstehenden.

Dies ist nicht der Ort, sich mit dem ökonomischen und politischen Kontext der zeitgenössischen Soziologie zu beschäftigen, oder gar mit der Stellung der Disziplin in der heiklen Hackordnung des akademischen Gettos. Gegenstand der hier angestellten Überlegungen ist vielmehr das richtige Selbstverständnis des Fachs. Es kann durchaus sein, daß das frühere Selbstvertrauen und die großen Erwartungen von Soziologen irregeleitet waren. Doch genau darin gründet die gegenwärtige Demoralisierung. Es gibt gute Gründe zu glauben, daß die Soziologie eine gültige, ja wichtige Betrachtungsweise der Realität des kollektiven menschlichen Zusammenlebens ist und weiterhin bleiben wird. Es ist notwendig, die Frage zu klären, was Soziologie kann, was nicht. Eine der Soziologie inhärente Qualität ist die nüchterne Anerkennung der Realität gewesen, das Aufdecken von Illusionen, einschließlich der eigenen. Diese Qualität kann man auch heutzutage heranziehen, und darin liegt bereits Hoffnung für die Zukunft.

Soziologie ist von Anfang an eine ganz besondere Disziplin gewesen, insofern sie ihren Gegenstand zusammen mit den Methoden, ihn zu untersuchen, entdeckte: Soziologie war ursprünglich nicht nur ein neuer Ansatz zur Untersuchung der Gesellschaft, sondern sie war wesentlicher Bestandteil der Entdeckung des Phänomens »Gesellschaft« als solcher. Wenn man die Anfänge der Soziologie mit Auguste Comte datiert, der den Namen der Disziplin erfunden hat (vielleicht Latein und Griechisch in zweckdienlicher Weise zu einem uneleganten Neologismus vermischend, der mit Sicherheit jede humanistische Empfindlichkeit stören mußte), dann kann man diese Feststellung nicht ohne Einschränkung treffen, denn das Phänomen »Gesellschaft« ist vor Comte erkannt und analysiert worden. Doch wie Albert Salomon gezeigt hat, ist es willkürlich, Soziologie in dieser Weise zu datieren. Es ist viel sinnvoller, die im neunzehnten Jahrhundert so bezeichnete Disziplin als besonderen Schritt in der Entwicklung einer Perspektive zu verstehen, die, zumindest seit dem siebzehnten Jahrhundert, ganz zutreffend als soziologisch bezeichnet werden kann. Soziologie unterscheidet sich weiter auf hochinteressante Weise von anderen Wissenschaften. Offenkundig unterscheidet sie sich von den Naturwissenschaften: Das physikalische Universum wurde vor der modernen Physik beobachtet, das Leben war vor der modernen Biologie bekannt usw. Doch die Soziologie unterscheidet sich in dieser Hinsicht sogar von den Humanwissenschaften: So war die Wirtschaft als ein Phänomen vor der modernen Wirtschaftswissenschaft bekannt, das politische Ordnungssystem vor der modernen Politikwissenschaft usw. Mehr noch, insofern moderne Betrachtungsweisen dieser Phänomene sich von früheren unterscheiden, dann genau in dem Maße, als sie die soziologische Perspektive im weitesten Sinne übernehmen.

Kern der modernen soziologischen Perspektive bildet die Wahrnehmung der autonomen, häufig verdeckten Dynamik menschlicher Kollektive. »Gesellschaft« ist nichts als ein Name für das, was immer sich »unterhalb« der Kollektivstrukturen, wie sie von so normativen Disziplinen wie Religion, Philosophie und Rechtswesen »offiziell« definiert werden, »abarbeiten« mag. Daraus folgt, daß es einen bestimmten enthüllenden Blickwinkel geben muß, wenn man so etwas wie »Gesellschaft« überhaupt wahrnehmen will. Ferner folgt daraus, daß Soziologie eine Weise der Weltsicht war, sobald sie ihren Untersuchungsgegenstand gefunden hatte, und all die späteren Verfeinerungen dieser besonderen Sicht sind eine Art von Entfaltung dessen, was bereits im ersten Wahrnehmungsakt enthalten war. So prägte Robert Merton in der amerikanischen Soziologie des zwanzigsten Jahrhunderts die Begriffe »manifeste« und »latente Funktionen«, um damit die »offiziell definierten« Zwecke einer bestimmten Institution oder eines sozialen Arrangements sowie die »zugrunde liegenden« (und *ipso facto* unerkannten oder unbewußten) Zwecke zu bezeichnen, die Soziologen aufzudecken vermögen. Die »manifeste« Funktion der Erziehung beispielsweise besteht darin, Wissen zu übermitteln, ihre »latente« Funktion darin, Klassenschranken zu errichten und aufrechtzuerhalten. Oder: Krankenhäuser sind »manifest« organisiert, um Krankheiten zu behandeln, doch »latent«, um den privilegierten Status der

Ärzte zu bewahren und zu stärken usw. Doch um dies feststellen zu
können, bedarf es eines ganz besonderen Blickwinkels, der zum
eigentlichen Wesen der Soziologie gehört: Unterhalb der sichtbaren
Gebäude der menschlichen Welt bestehen verborgene, unsichtbare
Interessen- und Machtstrukturen, die darauf warten, von Soziologen
aufgedeckt zu werden. Das »Manifeste« ist nur eine Seite der Medaille;
das »Latente« ist zu erforschen. Oder mit den einfachsten Worten: *Die
Welt ist nicht, was sie zu sein scheint.*

In dieser enthüllenden, aufdeckenden Qualität der Soziologie liegt ihr
zutiefst subversiver Charakter. Jede Kollektivordnung ist stets durch
offizielle Definitionen legitimiert, und das Aufzeigen, daß diese Definitionen nur von einem Teil der ganzen Geschichte handeln oder,
schlimmer noch, dazu dienen, zu verschleiern, was sich wirklich
abspielt, diese Aufklärung ist für die »gute Ordnung« zutiefst subversiv. Mit anderen Worten, Soziologie ist vom ersten Augenblick an
»subversiv«, insofern sie auf die soziale Realität ihre besondere Sichtweise anwendet. Es ist wichtig, hier zu betonen, daß dem so ist, *unabhängig* davon, ob ein bestimmter Soziologe subversiv zu sein *beabsichtigt.* Tatsächlich sind die großen Gestalten der klassischen Periode
der Soziologie – Emile Durkheim, Max Weber, Vilfredo Pareto – allesamt als konservativ in der einen oder anderen Weise zu bezeichnen,
und mit Ausnahme der Marxisten sind die meisten Soziologen besten-
falls gemäßigte Reformer, aber keine Revolutionäre gewesen. Dennoch, mögen die Absichten dieser Soziologen auch noch so »konservativ« gewesen sein, ihre Gedanken hatten einen zutiefst beunruhigenden Charakter, der Leute störte und verärgerte, die ein Interesse daran
hatten, daß die Dinge als »offiziell definiert« erschienen. Die Beziehung der Soziologie zum politischen Handeln soll zu einem späteren
Zeitpunkt behandelt werden, doch an dieser Stelle können wir bereits
auf einen Punkt hinweisen: *Soziologen gehen stets uneins mit ihrer
Disziplin, wenn sie die Rolle von Verteidigern spielen wollen* – oder,
genauer, wenn sie diese Rolle *als* Soziologen spielen wollen. Dies gilt
unabhängig davon, ob sie die »konservative« oder die »revolutionäre«
Sache vertreten. Der Geist der Soziologie ist negativ, und paradoxerweise kann die Soziologie als Negation ihren besten Beitrag zu einer
positiven Sache leisten. Die »subversive« Qualität der Soziologie
haben diktatorische Regime jeder ideologischen Couleur stets und fast
instinktiv gespürt, und das ist auch der Grund dafür, warum die Soziologie in Ländern, die von solchen Regimen regiert werden, entweder
unterdrückt oder zur Karikatur ihrer selbst wird.

Natürlich stellt sich die faszinierende historische Frage, warum die soziologische Perspektive zu einer bestimmten Zeit in Europa entwikkelt worden ist – eine Frage, die wir hier nicht im einzelnen verfolgen können. Ein häufig angegebener Grund ist die Schnelligkeit des im modernen Europa durch den Kapitalismus und die industrielle Revolution bewirkten sozialen Wandels. Doch es hat auch in früheren Zeiten Perioden raschen sozialen Wandels gegeben, an anderen Orten und ohne diese bestimmte Konsequenz. Man mag Max Webers Hypothese folgen, ein wichtiger Faktor sei die eigentümliche westliche Rationalität, deren Wurzeln weit zurück in biblischer Religion, hellenistischer Rationalität und römischen Rechtswesen lägen – die gleiche westliche Rationalität fürwahr, welche die umwälzenden Wandlungen des modernen Kapitalismus und der modernen Technologie ermöglichte. Es kann kein Zweifel daran bestehen, daß die soziologische Perspektive auf dieser Rationalität beruht, und deshalb hat sich die Disziplin von Anbeginn an als *eine Wissenschaft* verstanden (wenngleich natürlich unterschiedlich interpretiert wurde, was das genau bedeutet, wie beispielsweise von den französischen und deutschen Klassikern auf dem Gebiet). Dieses Selbstverständnis stand jedoch immer in einem gewissen Spannungsverhältnis zum »entlarvenden« oder negativen Elan der soziologischen Perspektive, denn es implizierte die *Machbarkeit* der Welt: *Nicht nur ist die Welt nicht, was sie zu sein scheint, sondern sie könnte auch anders sein, als sie ist.* Mit anderen Worten, die meisten Soziologen (selbst so pessimistische wie Weber) waren ständig in Versuchung, ihre Einsichten auf die rationale »Verbesserung« der Gesellschaft anzuwenden – eine Anwendung, die sie zu der zuvor erwähnten Doppeldeutigkeit führte, nämlich Entlarver in der Rolle von Advokaten zu sein. Dieses »stümpernde« Motiv in der Soziologie rührt natürlich von ihrer Bindung an die Ideale der Aufklärung her, hängt zusammen mit dem Bestreben, eine rationalere und vermeintlich menschlichere Sozialordnung zu errichten. Im Kontext der Säkularisierung erhielt dieses Motiv noch weit mehr Gewicht. Als die religiösen Normen für eine »richtige Ordnung« an Plausibilität verloren, wurde es um so wichtiger, die menschlichen Angelegenheiten auf eine rationale Weise neu zu ordnen. Es bedarf keiner Erwähnung, daß die Soziologie in dieser Hinsicht Teil einer weitaus breiteren Bewegung des westlichen Geistes gewesen ist wie all die anderen Sozialwissenschaften oder allgemein das soziale Denken seit dem siebzehnten Jahrhundert.

Das zwanzigste Jahrhundert hat dem aufklärerischen Optimismus und

vor allem der Vorstellung rationaler »Machbarkeit« der Welt einige
schwere Schocks zugefügt. Man könnte sogar behaupten, sowohl die
Modernität wie auch die moderne säkulare Rationalität seien heutzutage in einem Krisenzustand. Auch dies hat höchstwahrscheinlich mit
der Malaise innerhalb der Soziologie zu tun. Manche möchten vermutlich den optimistischen Glauben der Aufklärung wiederbeleben, sei es
mit Hilfe marxistischer »Progressivität« oder durch mehr der bürgerlichen Mitte zuzurechnende liberale Versionen der Fortschrittsidee
(wie es beispielsweise kürzlich Robert Nisbet in bester Durkheim-
Tradition getan hat). Eine derartige Wiederbelebung soll hier nicht
befürwortet werden. Wer sich nicht in der Lage fühlt, zu einem aufklärerischen Glauben und den daraus folgenden Hoffnungen auf die
Wohltaten einer »angewandten« Soziologie zurückzukehren, befindet
sich ganz genau in der mißlichen Lage von Max Weber, nämlich in der
mißlichen Lage eines Menschen, der die Welt so klar wie möglich zu
sehen sucht, der leidet unter der radikalen »Entzauberung«, die mit
solcher Klarsicht fast unvermeidlich einhergeht – und der *nichtsdestoweniger* im Verlauf kollektiver Ereignisse zu humanisierenden Interventionen, politischen oder sonstigen, verpflichtet ist. Darin liegt der
wichtigste Grund dafür, daß Weber für die geforderte *prise de conscience* der Soziologie von unveränderter Relevanz ist.
Es gibt einen weiteren Grund, warum Weber logischerweise im Mittelpunkt der Betrachtung zeitgenössischer Soziologen steht, die den
geistigen Kern ihrer Disziplin neu entdecken möchten – nämlich seine
intensive Beschäftigung mit der Frage nach der Natur, dem eigentlichen Wesen der Modernität. Auch in dieser Hinsicht ist Weber
repräsentativ für das soziologische Unternehmen insgesamt. Denn die
Soziologie ist mit ihrer Betrachtungsweise und ihren Methoden nicht
nur eine bestimmte moderne Fachdisziplin, sie ist von Anfang an auch
von der Modernität als einem Untersuchungsgegenstand durchdrungen gewesen. Für alle die großen Soziologen vor, während und seit der
klassischen Periode der Disziplin sind dies Kernfragen gewesen: Wie
anders ist die moderne Welt? Wie ist es dazu gekommen? Welches sind
die wesentlichen Strukturen? Wohin geht es? Diese Fragen sind natürlich für Weber in seinem Gesamtwerk von zentraler Bedeutung – aber
sie sind es gleichermaßen auch für Durkheim, Pareto, Georg Simmel,
Thorstein Veblen und Talcott Parsons sowie in der Tat auch für Karl
Marx. Die Soziologie kann diese Fragen nicht vergessen, ohne ein
Kernelement ihrer intellektuellen Substanz aufzugeben.
Zur intensiven Beschäftigung mit der Modernität gehört das Bemü-

hen, die heutige Gesellschaft als ganze zu sehen, in sich selbst und in Beziehung zu anderen Gesellschaften. Das heißt, sie impliziert, daß die soziologische Perspektive umfassend und vergleichend ist. Negativ formuliert, jede engstirnige Betrachtungsweise in der Soziologie geht einher mit einem Verlust an intellektueller Substanz. Das soll gewiß nicht heißen, daß soziologische Untersuchungen, die sich mit Einzelheiten menschlichen Verhaltens in einer bestimmten Ecke der eigenen Gesellschaft beschäftigen, Untersuchungen ohne unmittelbaren Bezug zu irgendeinem Versuch, diese Gesellschaft als ganzes oder in Vergleich zu anderen Gesellschaften zu verstehen, keinerlei Validität besäßen. Gute Soziologen haben immer eine unersättliche Neugier selbst auf die Trivialitäten menschlichen Verhaltens gehabt, und wenn diese Neugier einen Soziologen dazu drängt, viele Jahre mühevoller Forschung auf einen kleinen Winkel der sozialen Welt zu verwenden, der anderen ganz trivial erscheinen mag, so sei's drum: Warum bohren mehr Teenager in ländlichen Gebieten von Bayern in der Nase als in ländlichen Gebieten von Hessen? Welches Verhalten zeigen Kirchenmitglieder der Kleinstadt Oberursel in einem Zeitraum von zwanzig Jahren? Welche Beziehung besteht zwischen Religionszugehörigkeit und Unfallneigung bei älteren Ungarn? Es liegt uns fern, solche Forschungsinteressen zu verunglimpfen! Wir finden es vielmehr beruhigend, ja anregend, daß es unter den Soziologen Kollegen gibt, die sich nicht nur solchen Projekten widmen, sondern dabei sogar erheblichen Eifer zu entwickeln vermögen! Man kann sogar die Meinung vertreten, daß in der Fähigkeit von Soziologen, den Trivialitäten menschlichen Lebens sorgsame Aufmerksamkeit zuzuwenden, eine moralische Qualität liegt; das sei eine Art soziologischer Fußnote zu dem alten Sprichwort, daß »nichts Menschliches mir fremd ist« – und daß folglich nichts Menschliches zu niedrig für meine respektvolle Aufmerksamkeit ist. Gleichviel, es wäre ein schwerwiegender Fehler, wenn sich die *gesamte* Disziplin in Vorhaben von solch provinzieller Blickenge verlöre.

Anders gesagt, *die Soziologie muß zu den »großen Fragen« zurückkehren.* Vorrangig unter diesen Fragen, heutzutage wie während der klassischen Periode, sind die oben erwähnten Fragen über den Zustand der modernen Welt. Glück oder Unglück, sie sind bisher nicht ein für allemal beantwortet worden. Mehr noch, jeder Tag beschert neue Anhaltspunkte und neues Material für das Unternehmen, sie zu beantworten. Soziologie als Disziplin kann also nur versuchen, immer wieder eine Vorstellung von der Gesamtheit der heutigen Gesellschaft zu gewinnen – mehr oder weniger von dem, was Marcel Mauss einmal *le fait social total* genannt hat. Und dies bedeutet, daß Soziologen sich die Fähigkeit zu transkulturellen, globalen Vergleichen bewahren müssen, gleichermaßen im historischen Rückblick wie auch in der Gegenwart. Einfacher ausgedrückt, das Geschäft des Soziologen ist von Natur aus kosmopolitisch. Umgekehrt, der Provinzialismus in weiten Teilen der soziologischen Ausbildung (wir möchten hier nur die Unfähigkeit amerikanischer Soziologen von heute erwähnen, in anderen Sprachen als der englischen zu arbeiten) bedarf ganz dringend der Revision.

Um das bisher Gesagte zusammenzufassen: Eine Wiederbelebung der Soziologie wird vor allem die Wiederbelebung einer bestimmten Perspektive, einer bestimmten Art der Weltsicht bedeuten. In dieser Beziehung, so möchten wir behaupten, ist das Werk von Max Weber weiterhin von strategischem Gewicht. Doch es sei sofort hinzugefügt, daß unsere Anregungen auf gar keinen Fall eine »Rückkehr zu Weber« bedeuten, eine Rückkehr in dem Sinne, daß eine dogmatische Autorität aufgerichtet werden soll (solche scholastischen Übungen überlassen wir sehr gern jenen Marxisten, die sich damit hervortun). Soziologie ist eine Wissenschaft, kein Bündel von Doktrinen, und ihre Grundlagen dürfen niemals gegen ihre Neigung zum Enthüllen immunisiert werden. Auch geht es nicht um eine »Rückkehr zu Weber« im Geiste reaktionärer Nostalgie. Es geht vielmehr darum, zu den intellektuellen Quellen zurückzukehren, von denen diese bestimmte Disziplin genährt wird. Es ist klar, daß sich die gegenwärtige Situation sowohl sozial wie intellektuell erheblich von der Webers unterscheidet, so daß eine einfache »Rückkehr« gar nicht möglich wäre, selbst wenn man dies wünschen sollte.

Doch noch einmal: Warum Weber? Wie bereits gesagt, gibt es darauf mehrere Antworten, doch die wichtigste ist wahrscheinlich folgende: Weil sich Weber mehr als jede andere Gestalt in der Geschichte der Soziologie leidenschaftlich und ausdauernd der Aufgabe gewidmet hat zu klären, worin die soziologische Sichtweise besteht. Weit mehr als zu irgendwelchen spezifischen Einzelheiten der Weberschen Soziologie sollten die heutigen Soziologen zu diesem Bemühen zurückkehren – das heißt nicht so sehr zu Weber als vielmehr zum »Geist des Weberianismus«. Während Weber ohne Zweifel der wissenschaftlichen Rationalität des modernen Westens verpflichtet war, verstand er doch sehr genau, was dies für das Studium der menschlichen Angelegenheiten bedeutet: Menschliche Phänomene sprechen nicht für sich selbst, sie müssen *interpretiert* werden. So stand die Klärung des Interpretationsaktes im Mittelpunkt der Methodologie Webers. Zu dieser Klärung jedoch gehörte mehr als trockene methodologische Überlegung. Sie hatte eine moralische, ja sogar humanistische Dimension. Hinter der sorgsamen, geduldigen Betrachtung von Bedeutungen im Leben anderer Menschen, hinter der aufmerksamen »Entzifferung« der inneren Bedeutungen von sozialen Phänomenen steht eine besondere existentielle Einstellung. Zu ihr gehört Respekt vor anderen Menschen, vor ihren Absichten, Hoffnungen und Lebensweisen. Dazu gehört ferner die Entschlossenheit, die soziale Welt so zu sehen, wie sie ist, unbeschadet der eigenen Wünsche und Ängste – das heißt, zu unterscheiden zwischen dem, was *ist*, und dem, was nach der eigenen Auffassung sein *sollte*. So hat Webers Betrachtungsweise Implikationen für den *Beruf* des Soziologen wie auch für die *Methode* der Soziologie. Trotz des trockenen Charakters weiter Teile in Webers methodologischem Werk erklärt dies die paradoxe Tatsache, daß es zu inspirieren wie auch zu instruieren vermag.

Mit den soeben erwähnten Eigenschaften unterscheidet sich Weber deutlich von anderen Gestalten und Strömungen in der Entwicklungsgeschichte der Soziologie. Emile Durkheim und die gesamte von ihm begründete Schule der französischen Soziologie lassen einen ganz anderen Geist erkennen, einen Geist, der der Aufklärung viel näher steht. So bleibt auch seine Methode im wesentlichen positivistisch, darin den Naturwissenschaften verwandt. Obwohl er die Gesellschaft unverkennbar als Realität *sui generis* versteht, wird seine soziologische Methode letztlich nicht durch diese Sichtweise bestimmt, sondern durch ein abstraktes Konzept dessen, was Wissenschaft sein sollte. Durkheim bemüht sich auch nicht um eine Trennung von »Ist« und »Soll« der sozialen Realität, ebenfalls in ungebrochener Kontinuität mit der Aufklärung; ohne respektlos zu erscheinen, kann man sagen, daß in seinem gesamten Werk ein fließender Übergang zwischen beiden Ebenen sichtbar wird. Derselbe Mangel an Klarheit über die Grenzen zwischen wissenschaftlicher Erkenntnis und normativem Urteil ist von Durkheim auf die verschiedenen »funktionalistischen« Traditionen in den anglo-amerikanischen Sozialwissenschaften übertragen worden. Wenngleich einige der führenden Gestalten dieser Traditionen (wie etwa Talcott Parsons und Robert Merton in Amerika) diese Verbindung bestritten haben, so ist dennoch allzu häufig die Ansicht vorgebracht worden, der Nachweis, daß in einem bestimmten »Sozialsystem« etwas »funktional« sei, beinhalte zugleich ein irgendwie positives normatives Urteil. Wie in der marxistischen Tradition der Soziologie, wenngleich dort von ganz anderer Art als bei Durkheim, können wir hier eine ähnliche Erosion der Grenzlinie zwischen »Ist« und »Soll« der Gesellschaft feststellen. Im Falle des Marxismus ist der Grund dafür natürlich *nicht* ein positivistisches Wissenschaftsideal, sondern vielmehr die Betrachtungsweise, das heißt, der Marxismus sieht die Gesellschaft unter dem Blickwinkel einer Geschichtsphilosophie, und zwar so weitgehend, daß er wissenschaftliche Erkenntnis, sofern nicht integraler Bestandteil dieses philosophischen Vorgehens, für unmöglich (oder besser: irreleitend) hält. Am Ende dieses Denkprozesses steht ein utopisches Zukunftsbild, ohne das der Prozeß als ganzer seine Plausibilität verlöre.

All diese Punkte müssen in späteren Kapiteln noch ausführlicher erörtert werden. Doch bereits hier können wir unsere Auffassung von soziologischer Arbeit ganz allgemein vorstellen, nicht so sehr in »Weber«-Begriffen als vielmehr in »Webers Geist«. Dieses Verständnis von Soziologie vermeidet *sowohl* die positivistischen *wie* die utopischen Versionen des soziologischen Unternehmens. Wir gehen davon aus, daß sich die Gesamtheit der menschlichen Realität mit keiner wissenschaftlichen Methode in umfassender und letztlich unproblematischer Weise untersuchen läßt. Wissenschaft betrachtet ihre Objekte stets in selektiver, partieller und *ipso facto* problematischer Weise. Das gilt sogar für alle Vorstellungen von Gesellschaft als ganzer; in Webers Begriffen ist sogar »le fait social total« selbst ein Konstrukt des beobachtenden Wissenschaftlers (der Redlichkeit halber soll angemerkt werden, daß Marcel Mauss diese Webersche Deutung seiner Formulierung wahrscheinlich nicht gebilligt hätte). Am wichtigsten jedoch ist, daß Wissenschaft niemals moralische Handlungsanleitungen beisteuern kann. Doch diese unsere Auffassung schließt auch jede Form von Utopismus aus, derzufolge die Gegenwart ein Schritt auf dem Wege zu einer unvermeidlichen und erlösenden Zukunft ist. Wenn Wissenschaft keine Moralität hergeben kann, dann noch weniger eine Erlösungsdoktrin. Unser Verständnis von Wissenschaft und von Soziologie als einer Wissenschaft erhellt letztendlich den Unterschied zwischen intellektueller Analyse und Existenz, zwischen Reflexion und bloßem Leben. Zwischen diesen Bereichen der Conditio humana liegen unverrückbare Grenzlinien. Man mag diese Grenzen beklagen, sie sogar als »entfremdend« ansehen, doch man kann sie nicht ohne weiteres überspringen.

Positivismus und Utopismus in verschiedenen »sektiererischen« Formen bilden heutzutage die beiden beherrschenden Lager in der Soziologie. Die Mischung ist in verschiedenen Ländern ein wenig unterschiedlich (so bildet der Positivismus wahrscheinlich in Nordamerika das größere Lager, während der Utopismus in Westeuropa und in der Dritten Welt stärker ist), und zwischen den »Sekten« werden alle Arten von Streitigkeiten ausgetragen. Nach der hier vertretenen Position sind letzten Endes *sowohl* Positivismus *wie* Utopismus Abirrungen des soziologischen Unternehmens, und wir glauben, daß eine Wiederbelebung der Disziplin einhergehen muß mit einer bewußten, klar durchdachten Ablehnung beider Abwege. An dieser Stelle lohnt es sich, noch einmal zu wiederholen, daß dazu Beruf wie auch Methode gehört – das heißt, dazu gehört ein Verständnis der kognitiven Struktur dieser bestimmten Disziplin auf der einen Seite und auf der anderen Seite ein Verständnis dessen, was es bedeutet, *ein Soziologe zu sein*. Das bedeutet einen Beruf, der darin besteht, die Spannungen zwischen »Ist« und »Soll«, zwischen Verstehen und Hoffen, zwischen wissenschaftlicher Analyse und Handlung zu durchdenken und zu durchleben. Positivismus wie Utopismus bieten Kurzschlüsse an, leichte Fluchtwege aus den Spannungen, sei es in der Rolle des »bloßen Wissenschaftlers«, der die normativen Dilemmas leugnet, oder in der Rolle des Propheten, der vermeintlich die letzten Lösungen dieser Dilemmas aus dem Ärmel schütteln kann. Beide Kurzschlüsse, und dies ist unschwer zu erkennen, bieten psychologische Entlastung an, und dieser Umstand ist wahrscheinlich zum großen Teil für ihre anhaltende Attraktivität verantwortlich.

Es ist auch ganz gut möglich, daß dieses Schwanken zwischen Positivismus und Utopismus als ein Faktor mit zu der weitverbreiteten öffentlichen Weigerung beiträgt, die Soziologie ernst zu nehmen. Die Öffentlichkeit ist desillusioniert von »bloßen Wissenschaftlern«, deren Empfehlungen »bloß technisch« sind und *ipso facto* die moralischen Nöte so vieler sozialer Probleme außer acht lassen. Doch die Öffentlichkeit hat vielleicht auch gelernt, den Soziologen im Mantel des Propheten mißtrauisch zu begegnen (den gleichen Soziologen natürlich, die ständig von sich behaupten, *mehr als* »bloße Wissenschaftler« zu sein): Allzu oft haben sich die Prophezeiungen als falsch erwiesen – oder, schlimmer noch, als Selbstbedienung entlarvt. Eine richtige Auffassung von dem, was Soziologie leisten kann, und was nicht, dürfte zu größerer Vorsicht bei Ratschlägen gegenüber der Öffentlichkeit und den verschiedenen Institutionen führen. Sie dürfte zu einem sorgsamen Vermeiden von Dogmatismus jeder Spielart anhalten. Gut möglich, daß solche Bescheidenheit ein gewisses Maß an öffentlichem

Respekt zurückgewinnen kann und gleichzeitig die Unsicherheit unter
den Soziologen hinsichtlich der Stichhaltigkeit dessen, was sie tun,
verringert.

Die Welt von heute unterscheidet sich erheblich von der zu Webers
Zeiten. Der Prozeß der »Rationalisierung«, den Weber (richtig) als die
eigentliche Kraft der Modernität erkannte, entfaltet sich weiterhin
stürmisch und ist in der Tat nun ein globales Phänomen geworden.
Doch (wie Weber voraussah, aber nicht selbst erleben konnte) haben
wir es jetzt mit kräftigen Gegenbewegungen zu tun. Anders gesagt, in
vielen Teilen der Welt, und ganz entschieden in Westeuropa und
Nordamerika, kann man heutzutage eine Dialektik zwischen Modernisierung und Gegenmodernisierung beobachten. Mit Webers
Worten gesagt, es gibt nach wie vor eine weitverbreitete »Entzauberung«, doch auch kraftvolle Bewegungen der »Wiederbezauberung« –
religiös, kulturell und politisch. Auch die Kluft zwischen Privatleben
und den Superinstitutionen des öffentlichen Bereichs hat sich noch
vertieft, begleitet von einem immer stärkeren Entfremdungsgefühl in
den verschiedenen Bevölkerungsgruppen.

Die Soziologie und all die Sozialwissenschaften können nicht verhindern, von diesen Entwicklungen erfaßt zu werden. Auf beiden Seiten
der Trennungslinie Modernisierung/Gegenmodernisierung sind
Soziologen engagiert. Die »bloßen Wissenschaftler« sind, kaum nötig,
es zu sagen, stets im Grunde ihrer Herzen Modernisierer gewesen.
Positivismus im Geiste der Aufklärung impliziert eine modernisierende Einstellung. Es ist jedoch um so bemerkenswerter, daß gerade
Individuen mit einem positivistischen Soziologieverständnis besonders empfänglich sind für Konversionen zu diesem oder jenem Gegen-
modernisierungsglauben: Da ihr Wissenschaftskonzept für die Unterscheidung zwischen verschiedenen Formen des Erlösungsglaubens
keine Hilfe darstellt, brechen ihre kritischen Fähigkeiten häufig unver-
mittelt und total zusammen, wenn ihre Existenzprobleme ein gewisses
Maß an Intensität erreicht haben. Andere Soziologen haben sich von
Anfang an verschiedenen Versuchen, die Welt »wiederzubezaubern«,
angeschlossen, typischerweise Bewegungen im Rahmen dieser oder
jener »Gegenkultur«. Sie haben ihren Ruf als Soziologen total mit dem
Schicksal dieser Bewegungen verknüpft. Zu all diesen Versuchen
gehört als Bestandteil Prophetie, Messianismus, sei es im Sinne privater oder politischer Programme. Und all diese Versuche überbe-
frachten die Soziologie bei weitem, das heißt, ihnen liegt eine Vorstellung von der Leistungsfähigkeit der Soziologie zugrunde, die ihre

wirklichen Fähigkeiten weit übertrifft, und das muß unausweichlich zu Frustration und Enttäuschung führen. Als die Krise der Sozialordnung sich vertiefte und an manchen Stellen zu Umwälzungen führte, folgte auf diese Fehleinschätzung der Soziologie unvermeidlich Desillusion sowohl innerhalb der Disziplin selbst wie in der breiteren Öffentlichkeit. Daraus kann man schließen, daß zu einer *reprise de conscience* der Soziologie vielleicht mehr als alles andere eine *Anerkennung ihrer Grenzen* gehört.

Um es zu wiederholen: Hier geht es nicht, und kann es auch gar nicht, um ein simples Wiederaufgreifens irgendeines vergessenen Wissens aus dem klassischen Zeitalter der Soziologie. Daher kann es auch nicht darum gehen, eine Art orthodoxer Weberianer zu werden. Folgerichtig werden in den nächsten Kapiteln ständig andere, nicht auf Weber zurückgehende Quellen bemüht, um den richtigen Charakter des soziologischen Unternehmens herauszuarbeiten. Lassen Sie uns einige hier nur erwähnen: die phänomenologische Analyse, wie sie vor allem von Alfred Schütz entwickelt wurde; die Wissenssoziologie; die von George Herbert Mead herkommende amerikanische Tradition, die sich stärker als Weber des Grenzbereichs zwischen sozialpsychologischer und institutioneller Analyse bewußt ist; und allgemein ein Interesse an mikrosoziologischen Mustern, die selbst dann wichtig sind, wenn man eigentlich an »großen Fragen« interessiert ist. Vielleicht reicht das bisher Gesagte aus, um den Verdacht auszuräumen, daß hier zu einer Art soziologischer Neo-Orthodoxie aufgerufen werden soll.

Doch kehren wir zum Anfang dieses Kapitels zurück: Soziologie, was immer sie auch sonst sein mag, ist eine ganz besondere Weise, die menschliche Welt zu sehen. Folglich muß im Mittelpunkt der hier angestellten Überlegungen die sorgsame Klärung genau dieser Sichtweise stehen. Der nächste Schritt muß daher eine ebensolche Klärung des Akts soziologischer Interpretation sein, jenes Akts, den Weber als »Verstehen« bezeichnet hat und mit dem das ganze soziologische Unternehmen steht oder fällt.

KAPITEL 2

Der Interpretationsakt

Alle Menschen halten sich an Bedeutungen; sie suchen in einer bedeutungsvollen Welt zu leben. Im Grundsatz ist jeder menschliche Bedeutungsgehalt anderen Menschen zugänglich. In der Tat ist diese wechselseitige Zugänglichkeit eine entscheidende Voraussetzung für den Glauben, daß es so etwas wie eine von allen getragene und geteilte Menschlichkeit gibt. Freilich, einige Bedeutungen sind zugänglicher als andere. Nach den von Alfred Schütz getroffenen Unterscheidungen kann man zwei große Bedeutungsbereiche unterscheiden. Da sind auf der einen Seite die Bedeutungen innerhalb der Lebenswelt des Individuums, jene Bedeutungen, die tatsächlich oder potentiell »innerhalb der Reichweite« oder »zuhanden« sind und die sich in der natürlichen Einstellung des Alltagslebens gewöhnlich von selbst verstehen. Und auf der anderen Seite gibt es Bedeutungen *außerhalb* der Lebenswelt des Individuums, Bedeutungen anderer Gesellschaften oder weniger vertrauter Sektoren der eigenen Gesellschaft, aber auch Bedeutungen der Vergangenheit; dies alles sind Bedeutungen, die in der natürlichen Einstellung nicht unmittelbar verfügbar sind, die nicht »innerhalb der Reichweite« oder »zuhanden« sind, sondern die vielmehr durch spezifische Initiationsprozesse erschlossen werden müssen, sei es, indem man sich in einen anderen sozialen Kontext begibt, oder (vor allem im Fall der Bedeutungen aus der Vergangenheit) mit Hilfe spezifischer intellektueller Disziplinen. Man muß noch weiter differenzieren: In all den zuvor erwähnten Fällen besteht ein Unterschied zwischen den gewöhnlichen Interpretationen von Bedeutungen im Alltagsleben und Interpretationen in Begriffen der Sozialwissenschaften. Weiterhin muß man unterscheiden zwischen Interpretation der Bedeutungen von Individuen, mit denen man sich in tatsächlicher oder potentieller Face-to-face-Interaktion befindet (die Schütz als »Teilhaber« bezeichnete), der Bedeutungen von Individuen, mit denen eine solche Interaktion *nicht* stattfindet (als »Zeitgenossen« bezeichnet – oder im Falle der Vergangenheit als »Vorfahren«), und schließlich der Bedeutungen, die verkörpert sind in anonymen Strukturen (wie die Bedeutung einer Institution, mit deren konkreten menschlichen Vertretern unter Umständen niemals eine Interaktion stattfindet).

Selbst der Leser, der mit den geheimeren Bereichen des Schützschen Werkes nicht vertraut ist, dürfte sofort erkennen, daß all dies schnell sehr kompliziert werden kann. Doch statt die Kompliziertheiten des längeren auszuspinnen, wollen wir sie lieber sofort auf ein konkretes Beispiel anwenden. Mit anderen Worten, schauen wir uns an, wie die Interpretation in einer konkreten sozialen Situation tatsächlich vonstatten geht. Wie Phänomenologen zu sagen pflegen: Lassen Sie uns eine Welt konstruieren – oder, in diesem Falle, zumindest eine Mini-Welt:

Ich bin eine junge Frau, eine graduierte Studentin der Soziologie an einer staatlichen Universität im amerikanischen Mittelwesten, die man nicht gerade als Elite-Universität bezeichnen kann. Ich nehme an einem Soziologie-Kongreß in einem großen Hotel an der Westküste teil. Zwischen den Arbeitssitzungen unterhalte ich mich mit einer anderen jungen Frau, einer graduierten Studentin an einer Elite-Universität in Kalifornien. Wir sprechen über (was sonst?) den Arbeitsmarkt, und sie gibt mir einige interessante und möglicherweise nützliche Informationen über die Aussichten auf einen Arbeitsplatz in dem Teil des Landes, wo sie lebt. Die Unterhaltung ist freundlich, angeregt und in Form wie Inhalt für mich sehr ungezwungen, vertrauensvoll – das heißt, obwohl ich diesen bestimmten Menschen gerade erst getroffen habe, hatte ich derartige Unterhaltungen zuvor schon bei einigen anderen Gelegenheiten, und obwohl einige der Informationen, die sie mir gibt, für mich neu und interessant sind, ist doch keine überraschend. Dann jedoch, plötzlich und ohne Vorwarnung, kommt ein Element peinlicher, ja alarmierender Gezwungenheit und Unvertrautheit in die Unterhaltung, eine große Überraschung, die den ruhigen Verlauf des Gesprächs abrupt unterbricht. Meine Gesprächspartnerin schaut auf ihre Uhr, entschuldigt sich und erklärt, sie müsse nun aber wirklich gehen. Ich murmele etwas, das gleichzeitig nach Bedauern und Zustimmung klingen soll. Sie ist schon dabei, sich zu entfernen, als sie sich noch einmal umwendet, mich prüfend anschaut und erklärt: »Ich kenne Sie wirklich überhaupt nicht, und vielleicht sollte ich dies nicht sagen. Aber einige Freunde von mir aus Los Angeles feiern im vierzehnten Stock eine Orgie. Ich bin sicher, sie würden sich freuen, wenn Sie mitkämen. Wir können noch eine Frau gebrauchen, glaube ich. Warum kommen Sie nicht mit? Einige Männer sind wirklich sehr nett.«

Lassen wir das Bild für einen Augenblick so stehen. Was spielt sich da ab? Lassen wir beiseite, ob ich schockiert bin oder angenehm erregt, ob in Versuchung, die Einladung anzunehmen oder mich schnell von meiner Gesprächspartnerin zu verabschieden. So etwas ist mir noch niemals zuvor widerfahren, und unabhängig von meinen Gefühlen und von dem, was ich schließlich mit der Situation anfange, was sich gerade abspielt, ist klar und einfach: *Ich bin mit einer Kommunikation konfrontiert, die nach Interpretation verlangt.* In der Tat, sobald ich mich vom steilen Anstieg meines Adrenalin-Spiegels erholt habe, versammelt sich in meinem Geist eine Anzahl verschiedener möglicher Interpretationen. »Das ist ein Spaß.« Oder: »Das ist in Wirklichkeit keine Einladung zu einer Orgie, sondern ein lesbischer Verführungsversuch.« Oder auch: »Vielleicht habe ich das nicht richtig verstanden.« Jede dieser möglichen Interpretationen würde, sofern man ihr Glauben schenkt, die Situation aus der scheußlichen Fremdheit in die Sicherheit des Vertrauten zurückversetzen –: Einige Menschen haben einen etwas seltsamen Sinn für Humor; ich bin schon mal von Lesbierinnen angesprochen worden; einige Kalifornier sprechen ein wenig eigenartig. Doch lassen Sie uns weiter annehmen, ich lasse die oben erwähnten Interpretationen fallen –: Nichts läßt erkennen, daß sie Spaß macht; Lesbierinnen, die auf Verführung aus sind, sprechen nicht von netten Männern; Kalifornierin oder nicht, sie sprach amerikanisches Standardenglisch, und mit meinem Gehör ist auch alles in Ordnung. Ich komme daher zu dem Schluß, daß die Kommunikation sagt, was sie zu sagen scheint: Ich bin tatsächlich zu einer Orgie eingeladen worden. Diese Schlußfolgerung machte mich auf sehr konkrete Weise mit einer sozialen Welt vertraut, die mir neu ist. Wie immer ich schließlich auf der Ebene weiterer Handlungen auf diese Welt reagiere, ich bin auch mit einer intellektuellen Herausforderung konfrontiert. Ich muß sozusagen meine kognitive Landkarte ausweiten, um dieses neue Element der sozialen Realität einordnen zu können.

Wenn ich sage, daß ich meine kognitive Landkarte ausweiten muß, dann heißt das nichts anderes, als daß ich einen Weg finden muß, um das neue Territorium, das ich da gerade entdeckt habe, interpretieren zu können. Mit anderen Worten, Interpretation ist auch eine Art Einordnung: Ich mache mich daran, das Neue zu verstehen, indem ich es zu dem Alten in meiner Erfahrung in Beziehung setze. In diesem Falle trifft es sich, daß ich nicht ganz von vorn anfangen muß. Obwohl ich niemals zuvor in dieser Weise angesprochen worden bin, so paßt dies Erlebnis doch zu Dingen, die ich kenne oder zu kennen glaube – so habe ich zum Beispiel über den kalifornischen Lebensstil erfahren (ich habe Cyra McFaddens *Serial* gelesen und sogar den Film gesehen). Wenn ich dies glaubhaft tun kann, dann tue ich nichts anderes, als die neue Information unter einer kognitiven Rubrik zu subsumieren, die bereits »zuhanden« ist: »Also verhalten sich Kalifornier *wirklich* so!« Obwohl die konkrete Situation tatsächlich neu für mich ist, enthält mein kognitiver Apparat in diesem Falle bereits die Kategorien, durch welche die Situation in meine Sicht der sozialen Welt eingeordnet werden kann. Man kann also auch sagen, daß die Situation zwar neu ist, aber nicht *allzu* neu. (Um diesen Punkt noch deutlicher zu machen, stellen Sie sich die folgende Einladung vor: »Einige Freunde von mir aus Los Angeles veranstalten oben im vierzehnten Stockwerk ein Blutopfer. Wir haben noch kein Opfer. Möchten Sie es gern sein?...«) Doch selbst wenn ich jetzt die neue Situation unter die mir bereits verfügbaren Kategorien subsumieren kann, muß ich dennoch diese Kategorien minimal neu konstruieren, um das soeben Geschehene angleichen zu können. Der Satz »Sie verhalten sich *wirklich* so!« stellt bereits eine solche Neukonstruktion dar. Wenn ich mit meiner Gesprächspartnerin weiter rede, wird die Neukonstruktion wahrscheinlich fester und durchdachter.

Es ist nun wichtig, sich klarzumachen, daß ich, in diesem Beispiel, die Konversation nicht im Verlauf eines soziologischen Forschungsprojekts aufgenommen habe. Bis jetzt sind meine Reaktionen völlig ähnlich denen eines gewöhnlichen Menschen, der nicht mit irgendeiner Ausbildung in Soziologie gesegnet ist. So schreitet mein intellektuelles Bemühen, das Gesagte zu verstehen, auch nicht systematisch, Schritt für Schritt voran. Vielmehr scheint es sich spontan zu vollziehen, wobei ganze Informationsklumpen rasch aufgenommen und in mein kognitives System »eingearbeitet« werden. Diese fortwährende Aktivität des Interpretierens spielt sich in meinem Kopf ab, während die äußere Konversation weitergeht, das heißt, meine Interpretation findet als eine innere Konversation statt, die als ein entscheidendes *sotto voce* den verbalen Austausch begleitet. Doch es ist an der Zeit, unsere kleine Geschichte ein Stück weiterzutreiben. Nachdem mir die Einladung angetragen wurde und nachdem ich zu dem Entschluß gekommen bin, daß sie in der Tat ist, was sie vorgibt zu sein (eine Schlußfolgerung, die ich in einem Bruchteil der Zeit ziehe, die hier notwendig ist, um ihre Logik zu Papier zu bringen), reagiere ich nicht sofort darauf, weder

positiv noch negativ. *Mein Interesse ist erregt worden.* Und ich fange
an (selbst wenn ich damit zum Teil ein wenig Zeit gewinnen will),
Fragen zu stellen: Wer sind diese Freunde aus Los Angeles? Feiern sie
oft Gelage? Nimmt meine Gesprächspartnerin oft daran teil? Was läuft
bei solchen Anlässen eigentlich ab? Usw.

An diesem Punkt tue ich natürlich viel mehr, als die Bedeutung einer
einzelnen Äußerung seitens eines anderen Menschen zu interpretieren.
Ich habe eine Untersuchung begonnen, die es mir erlauben wird, ein
größeres, vielleicht ein viel größeres, Segment der sozialen Welt zu
interpretieren. Das muß immer noch nicht eine regelrecht durchgeführte soziologische Untersuchung sein, denn die Fragen, die ich
stelle, sind Fragen, die jeder gewöhnliche Mensch, dessen Interesse
erregt worden ist, zu stellen pflegt. Sie ergeben sich also nicht notwendig aus der Logik einer systematischen Untersuchung, und sie folgen
auch ohne längere vorherige Erwägungen und in nicht geplanter
Sequenz aufeinander. Doch wenn mein Partner bereit und willens ist,
sie zu beantworten, ermöglichen sie es mir natürlich, eine umfassendere Interpretation des Phänomens in Angriff zu nehmen. Soll freilich
ein solches Ergebnis dabei herauskommen, so ist eine einfache, aber
äußerst wichtige Voraussetzung zu beachten: *Ich muß zuhören.*

Auch hier wieder läßt sich in ganz gewöhnlichen Worten angeben, was
damit gemeint ist: Ich muß aufmerksam verfolgen, was die Person
sagt. Ich darf meine Gedanken nicht abschweifen lassen, und ich muß
versuchen, auf ihre Mitteilungen eingestellt zu bleiben. Ich darf meine
Gesprächspartnerin nicht unterbrechen. Und ich darf mich vor allem
nicht mit eigenen Urteilen oder Meinungen einschalten, nicht nur weil
ich damit ihren Ärger oder ihr Widerstreben hervorrufen könnte, sondern auch weil dadurch meine Aufmerksamkeit von dem, was sie mir
mitteilen möchte, abgelenkt würde. Das heißt, ich muß versuchen
meine Ablenkungsimpulse oder emotionalen Affekte (positive *oder*
negative) zu kontrollieren. All dies summiert sich zu der Bereitschaft,
zumindest für den Augenblick offen und aufgeschlossen zu sein: Um
ihre Weltsicht zu verstehen, muß ich meine zumindst so lange, wie das
Erkundungsgespräch dauert, ausklammern.

Nehmen mir an, dies Bemühen um ein tiefergehendes Verständnis ist
erfolgreich gewesen. Meine Gesprächspartnerin hat also ihren Auf-
bruch zu den Freuden des vierzehnten Stockwerks lange genug hin-
ausgeschoben, um meine Fragen beantworten zu können. Ich habe
jetzt mindestens Wissen aus erster Hand über Leute gewonnen, die bei
wissenschaftlichen Tagungen Orgien veranstalten. Dies hat, wie

geringfügig auch immer, meine kognitive Landkarte hinsichtlich dieses besonderen Merkmals modifiziert – wenn man will, meine kognitive Landkarte von den sexuellen Sitten der amerikanischen Gesellschaft. Die Tatsache, daß mein Interesse erregt worden ist (dies ist möglich, sei dazu angemerkt, auch ohne daß damit eine wie immer geartete Erregung der Libido einhergeht), bedeutet, daß dies neue Wissen für mich relevant ist. Wenn man es mit den genaueren Begriffen von Schütz beschreiben will, so habe ich mit diesem Interpretationsakt meine *Relevanzstruktur* mit der einer anderen Person und der Gruppe, der sie angehört, in Übereinstimmung gebracht.

Je länger dieses Gespräch dauert, desto gründlicher wird diese Angleichung der Relevanzstrukturen sein. Ich werde mehr über die allgemeine Weltsicht meiner Gesprächspartnerin und ihrer Freunde in Erfahrung bringen – wobei aller Wahrscheinlichkeit nach auch Themen zur Sprache kommen, die keinen unmittelbaren Bezug zur Sexualität haben. Tatsächlich werde ich langsam eine allgemeine Ansicht von der Welt verstehen lernen, *innerhalb derer* diese Sexualpraktiken für die genannten Leute sinnvoll sind. Diese allgemeine Ansicht wird wahrscheinlich irgendeine Art von Theorie über interpersonale Beziehungen, über Intimität, vielleicht über Politik einschließen. Weitere Fragen, die ich stelle, werden das Ergebnis einer ständigen Wechselbeziehung sein zwischen dem, was ich bereits weiß, dem, was ich gerade herausfinde, und dem, was ich herausfinden möchte. Sehr wahrscheinlich wird dieser Fundus an gesammeltem Wissen es mir erlauben, diese bestimmte Frau innerhalb eines Rahmens sozialer Kategorien genauer zu »lokalisieren« – das heißt, ich werde sie *typifizieren*. So werde ich beispielsweise mehr tun können, als sie lediglich als »Kalifornierin« zu klassifizieren (eine augenscheinlich ungenaue Typifizierung, wenn es um Leute geht, die sich an Orgien beteiligen – man denke nur an all die Reagan-Wähler!), sondern werde vielmehr in der Lage sein, einen viel genaueren Typ des Menschen zu konstruieren, der sich solchen Aktivitäten hingibt.

Man beachte jedoch: Meine Konstruktion dieses Typs wird davon abhängen, was meine Gesprächspartnerin mir mitteilt. Anders gesagt, *sie* zeichnet mir ein Bild dieser sexuellen Subkultur – wir sind nicht in den vierzehnten Stock gegangen, jedenfalls jetzt noch nicht –, wir sind immer noch im Restaurant! Folglich ergeben sich aus diesem Gespräch zwei Hypothesen. Erstens: Der von diesem Individuum repräsentierte Menschentyp nimmt diese Subkultur in dieser bestimmten Weise wahr. Oder zweitens: Ihre Wahrnehmung der Subkultur ist stichhaltig. Wenn ich zwischen diesen beiden Hypothesen wählen soll, muß ich offensichtlich, mit welchen Mitteln auch immer, zu irgendeiner Art von Schlußfolgerung über die *Reliabilität* meiner Informantin kommen. Je nachdem welche Wahl ich treffe, werde ich eine von zwei Aussagen treffen (das heißt mir gegenüber): »Ich verstehe nun, daß, vielleicht auch warum, diese Person die Welt in dieser Weise wahrnimmt« oder: »Dies ist eine Wahrnehmung, die ich ernst nehmen sollte« (nicht notwendig in dem Sinne, daß ich ihrer Subkultur angehören möchte, sondern daß ich ihren Bericht als stichhaltig anerkenne). In diesem Zusammenhang kann man sich zweier Begriffe von Jean Piaget bedienen: Im ersten Fall habe ich ihren Gesichtspunkt *assimiliert* – das heißt, ich habe ihn in meinen Gesichtspunkt aufgenommen, der sich als Folge dieser Absorption nicht viel geändert hat; im zweiten Fall habe ich meinen Gesichtspunkt dem ihren *akkommodiert* und auf diese Weise meinen wesentlich geändert. In jedem Fall freilich sehe ich die Welt jetzt anders. Einfach gesagt: *Ich kann die Bedeutungen eines anderen Menschen nicht interpretieren, ohne mein eigenes Bedeutungssystem zu ändern, wenn auch nur minimal.*

Um es zu wiederholen: In der als Beispiel angeführten Situation bin ich bislang als ein Mensch aufgetreten, der ein Interesse daran hat, einen ihm gerade vorgeführten, ihm unvertrauten Ausschnitt der sozialen Realität zu verstehen, bin also nicht *qua* Soziologe aufgetreten; was bisher über meine Bemühungen um Interpretation gesagt worden ist, träfe genauso zu, wenn ich, sagen wir, Warenhausverkäuferin, Hausfrau oder (jedenfalls heutzutage) Nonne wäre. Doch lassen Sie uns nun das Beispiel leicht verändern: Ich bin jetzt *qua* Soziologe in das gleiche Gespräch verwickelt, das heißt, meine Bemühungen sind jetzt auf eine spezifisch soziologische Interpretation gerichtet. Wenn ich sage, daß ich als Soziologe in das Gespräch verwickelt bin, so kann das zweierlei heißen: Entweder daß ich, wollen wir uns dies einmal vorstellen, das Restaurant mit genau diesem Forschungsinteresse im Hinterkopf aufgesucht habe – ich schreibe meine Doktorarbeit über die Sexualmoral von Soziologen –, und dann müssen wir vermutlich annehmen, daß die zuvor erwähnte Einladung zu einer Orgie überhaupt kein Zufallsereignis war, sondern daß ich sie in meiner Forschungsabsicht gesucht und vielleicht sogar provoziert habe. Oder auf der anderen Seite können wir die Situation so belassen, wie oben beschrieben, und uns einfach vorstellen, daß im Verlauf der Konversation mein Interesse *als Soziologe* erweckt worden ist – das heißt, in meinem Innern, wenn nicht verbal, definiere ich mich jetzt als Soziologe, der in einer unerwartet interessanten Situation Forschung betreibt. Was verändert sich als Folge dieses Wechsels vom gewöhnlichen Gesprächsteilnehmer zu einem soziologischen Forscher?

Als Soziologe muß ich sicherlich weiterhin zuhören und interpretieren, doch sowohl Zuhören wie Interpretieren nehmen nun einen besonderen Charakter an. Die Ähnlichkeiten mit gewöhnlichem Zuhören und Interpretieren sind beträchtlich; im wesentlichen laufen die gleichen Verfahrensweisen wie die soeben beschriebenen auch weiterhin ab. Doch die Unterschiede sind bedeutsam; sie lassen sich festmachen. Zunächst stelle ich nun im Geiste eine stärkere Form von *Distanz* zu der gegebenen Situation her. Ich begebe mich absichtlich aus der Situation, übernehme die Rolle eines Außenseiters (auch wenn der andere Partner in der Situation meine Distanzierung gar nicht bemerkt). Aus dem gleichen Grunde gibt mir das sofortige Distanzieren ein stärkeres Gefühl von Kontrolle über das Geschehen. Es ist immer noch wichtig, daß ich beim Zuhören aufgeschlossen bleibe, doch diese *ad-hoc-* (oder *pro-tem-*)Aufgeschlossenheit ist systematischer und disziplinierter als die des gewöhnlichen Zuhörers. Und wenn ich bereits früher soziologische Forschung betrieben habe, dann habe ich natürlich Gewohnheiten in dieser Form von Zuhören erworben, die mir sofort »zuhanden« sind, sobald ich diese bestimmte Situation als Gelegenheit zur Forschung definiere. Auch habe ich die Gewohnheit entwickelt, aus der Situation soweit wie möglich meine eigenen existentiellen Belange herauszuhalten – in dem genannten Beispiel etwa moralische Mißbilligung, haltlose libidinöse Erregung oder die quasi-religiöse Erwartung, daß ich kurz vor einer erlösenden Einsicht oder Erfahrung stehe –, und ich betrachte die Situation als eine, in der ein solches Abstandnehmen angemessen ist (im Gegensatz etwa zu einer Unterhaltung mit meinem Verlobten oder meinem Ehemann, in der ein vergleichbares Heraushalten existentieller Belange nicht nur unangemessen wäre, sondern auch einen Verrat der persönlichen Beziehung bedeutete).

Wenn ich die Situation soziologisch untersuche, kommt es auch zu der oben beschriebenen Interaktion zwischen meiner Relevanzstruktur und der meiner Gesprächspartnerin und, hoffentlich, auch der Relevanzstruktur der sexuellen Subkultur, die als Ergebnis ihrer Kommunikation sichtbar wird. Doch meine Relevanzstruktur ist nicht nur systematischer und expliziter; sie ist auch von *anderer Art*. Der Grund liegt darin, daß sie nicht nur durch meine früheren Erfahrungen und

Interpretationen geprägt worden ist, sondern durch den Korpus der soziologischen Theorie und des soziologischen Wissens, und dieses Wissensgut der Disziplin ist bei meinem Interpretationsprozeß ständig anwesend. Die Typifizierungen und Hypothesen, die ich nun bilde, sind ebenfalls sowohl systematischer wie inhaltlich unterschiedlich. So kann ich beispielsweise bei der Typifizierung meiner Gesprächspartnerin und ihres Freundeskreises ihrer *Klasse* besondere Aufmerksamkeit widmen und dabei in meine Interpretation einen gesamten Korpus der Schichtentheorie und die aus der Arbeit anderer Soziologen gewonnenen Daten einfließen lassen. So kann ich unter Umständen die Hypothese aufstellen, und zwar auf der Grundlage der von diesem oder jenem Soziologen angestellten Untersuchungen, daß dieses sexuelle Verhaltensmuster typisch ist für aufwärts mobile, der unteren Mittelschicht angehörende Protestanten, deren Eltern geschieden sind – oder (zum Teufel) für abwärts mobile Juden der oberen Mittelschicht, die in ihrer Jugend unter Heufieber gelitten haben. Anders gesagt, wenn ich, *sotto voce* in meiner Rolle als Soziologe, die Situation interpretiere, ist in meinem Geist die gesamte Disziplin (oder vielmehr der Ausschnitt, der für dieses Forschungsmaterial theoretisch relevant ist) unsichtbar präsent – sozusagen ein stiller Partner in der Situation.

Als ausgebildeter Soziologe kann ich mich sofort eines großen Wissensgutes bedienen, ohne es explizit Schritt für Schritt heranzuziehen. Mit anderen Worten, der ganze Wissensvorrat steht mir zur Verfügung. Fast automatisch durchzucken meinen Geist verschiedene *mögliche* Interpretationen dieser bestimmten Situation. Die Entscheidung darüber, welche von ihnen ich anwende, hängt davon ab, ob sie zu den in Frage stehenden Daten »paßt«. Ich entscheide mich spontan und implizit. In dem Augenblick jedoch, wenn die Daten *nicht* zu einem dieser verfügbaren Interpretationsschemata zu »passen« scheinen, werde ich mich einem expliziten und systematischen Vergleich der möglichen Interpretationen zuwenden. An diesem Punkt »jongliere« ich sozusagen mit einer Anzahl von Interpretationen. Wenn keine richtig »paßt«, bin ich gezwungen, eine *neue* oder zumindest eine erheblich modifizierte Interpretation zu konstruieren. Dabei bemühe ich mich bewußt, das auszusortieren oder zu »falsifizieren«, von dem mir bereits bekannt ist, daß es dem neuen Wissen, das ich erwerben möchte, widerspricht. Dies ist ein bewußtes Konstruktionsunternehmen. Auf diesen Punkt kommen wir weiter unten bei der Diskussion der Konzeptualisierung noch einmal zurück. Hier genügt es, darauf hinzuweisen, daß dieses Verfahren ein Schutz ist davor, dogmatisch zu werden (das heißt davor, mich an meinen früheren Gesichtspunkt zu klammern und die Daten in dieses Schema zu pressen), ein Schutz auch davor, Daten zu übersehen, die sich nicht sofort unter die zuvor verfügbaren Interpretationsschemata subsumieren lassen.

Als Soziologe habe ich auch andere Möglichkeiten, mit der möglichen Validität dessen, was dieses Individuum gerade sagt, umzugehen. Nachdem ich die Person typifiziert habe, kann ich sogleich die Hypothese aufstellen, daß andere dieses Typs wahrscheinlich die gleichen Ansichten vertreten. Doch wenn ich herausfinden möchte, ob diese Ansichten mit meiner soziologischen Auffassung von den amerikanischen Sexualsitten übereinstimmen, kann ich nur einen Weg einschlagen: *Ich muß hinausgehen und diese mutmaßliche Subkultur weiter untersuchen.* Das muß nicht unbedingt bedeuten, daß ich meiner Gesprächspartnerin in das vierzehnte Stockwerk folge, um festzustellen, ob sich dort tatsächlich eine Orgie abspielt und ob es wirklich so ist, wie sie behauptet hat. Es bedeutet schon gar nicht, daß ich an dem sexuellen Treiben teilnehme, sofern ich in den vierzehnten Stock mitgegangen bin. Ich kann mich durchaus im Interesse der Wissenschaft entschließen, mich als sogenannter teilnehmender Beobachter zu verhalten; in diesem Falle wird es um so wichtiger sein, innere Distanz zu der Situation aufrechtzuhalten, so schwierig dies auch sein mag (es ist ausgemacht, daß Orgasmus und Schichtentheorie nicht ohne weiteres Hand in Hand gehen). Wenn sie mich nicht daran hindern, kann ich mich auch entschließen, ein Beobachter zu bleiben, der sich an den Ratschlag hält, den man einer früheren Generation von Katholiken für den Fall gegeben hat, daß sie sich unentrinnbar in nicht-katholischen Religionsgebräuchen gefangen sehen –: »unauffällige Nichtteilnahme« (auch dies kann sich bei einer Orgie schwierig gestalten). Natürlich stehen mir auch noch andere Wege offen. Ich kann andere vermutliche Informanten interviewen. Ich kann zu der Subkultur unter anderen Bedingungen Kontakt suchen, Bedingungen, die der Forschungsarbeit zuträglicher sind. Wenn ich finanziell unterstützt werde, kann ich andere Leute anheuern, um die Arbeit für mich zu tun. Doch welchen Untersuchungsweg ich am Ende auch einschlage, es bedarf keiner Frage, daß die Validität oder Nicht-Validität des von diesem Individuum gegebenen Berichts einem Prozeß (im Prinzip rigoroser) *empirischer Prüfung* unterzogen werden muß. Umgekehrt kann ich zur Frage der Validität keinerlei Schlußfolgerungen ziehen allein aufgrund des Umstandes, daß mir dieses Individuum glaubwürdig erscheint oder nicht – geschweige denn aufgrund meiner *a priori* theoretischen

Überzeugungen. *Alle* meine Hypothesen – über abwärts mobile Protestanten oder von Heufieber heimgesuchte jüdische Teenager usw. –
werde ich diesem Prozeß empirischer Prüfung unterwerfen. Und
wenn meine Forschungsarbeit redlich ist, muß ich aufgeschlossen bleiben für die Möglichkeit, daß einige Hypothesen durch meine Befunde
nicht gestützt werden.

Bisher haben wir die Interpretation (sei es im Alltagsleben oder *als*
Soziologe) von Bedeutungen beschrieben, die in *Face-to-face*-Interak-
tionen dargeboten werden. Bedeutungen werden jedoch auch durch
anonyme Mittel angeboten, bei denen konkrete andere Personen
empirisch nicht greifbar sind. Beispielsweise könnte ich zu Hause
einen Zeitungsbericht über neue Sexualsitten in Kalifornien lesen.
Wenn ich diesen Bericht interpretieren möchte, wie unterscheidet sich
dann dieser Interpretationsakt von der oben beschriebenen *Face-to-
face*-Unterhaltung? Auch hier wieder sehen wir viele Ähnlichkeiten,
doch die Unterschiede sind bedeutsam. In dem Zeitungsbericht wird
mir eine Weltsicht auf hochorganisierte Weise dargeboten, im Gegensatz zu der weitaus lockereren Präsentation im Gespräch. Die meisten
Menschen sprechen schließlich nicht in sorgsam abgewogenen Zei-
tungsberichten. Das heißt auch, daß dieses bestimmte Element ver-
meintlicher Information in einem größeren Kontext steht – zumindest
im Kontext dessen, was die Redakteure dieser Zeitung als berichtens-
wert ansehen –, doch möglicherweise auch im Kontext der allgemeineren Präsentation sozialer Wirklichkeit durch die Zeitung. So kann es
sich beispielsweise um eine konservative Zeitung handeln, und dieser
bestimmte Bericht könnte Teil einer längeren Artikelserie über den
Sittenverfall der amerikanischen Gesellschaft sein; oder umgekehrt, es
handelt sich um eine Zeitung, die mit den Kulturrevolutionen unserer
Zeit sympathisiert, und in diesem Fall könnte der Bericht Teil einer
Serie von Beiträgen von den Fronten der Befreiung sein.
Bei der Lektüre der Zeitung kann ich auch auf ihre Weltauffassung
»hören«, in dem Sinne, daß ich aufmerksam darauf achte und aufgeschlossen zu sein versuche. Doch ich kann keine Fragen stellen. Daher
gestaltet sich die Verknüpfung meines Wissensgutes mit dem mir prä-
sentierten schwieriger. Ich kann bei dem Versuch, eine unvertraute
kognitive Landkarte zu erkunden, nicht ohne weiteres »die Rolle des
anderen übernehmen« (um eine Formulierung von George Herbert
Mead zu verwenden). Folglich fehlt dem mir von der Zeitung Berich-
teten der »Akzent der Realität«, wie William James es genannt hat; es

ist viel leichter, eine Zeitung »abzulegen« (im *doppelten* Sinne des Wortes) als einen Menschen, der am Tisch gegenübersitzt. Wenn ich die Zeitung *qua* Soziologe lese – dann sind Zeitungsberichte Teil meiner »Daten« –, habe ich einen leichten Vorteil: Ich kann mich mit weniger Mühe aus der Situation zurückziehen und das mir von der Zeitung dargebotene Wissen mit meinem Wissenskorpus konfrontieren. Mit anderen Worten, die Zeitung kann mich nicht so einfach in diesen neuen Gesichtspunkt »hineinziehen« wie ein Mensch, mit dem ich mich in einer *Face-to-face*-Interaktion befinde. Doch wenn ich nun als Soziologe den Zeitungsbericht interpretieren möchte, muß ich auch sehr auf der Hut sein – eben wegen der hochorganisierten Form der Darstellung. Anders als die *Face-to-face*-Unterhaltung bietet mir die Zeitung ihre Ansicht in einer Form dar, die man als *protowissenschaftlich* bezeichnen kann – das heißt, der Bericht ist selbst bereits eine Form der Interpretation –, oder genauer gesagt, die Art und Weise, wie der Bericht abgefaßt ist, enthält eine Interpretation (bis zu einem gewissen Maß gilt dies auch für einen Bericht, der in einer Unterhaltung gegeben wird, doch weit weniger als bei einem Zeitungsbericht). Also ist es wichtig für mich, diese implizit mitgelieferte Interpretation beiseite zu lassen und sie im Sinne meiner eigenen *soziologischen* Relevanzstruktur einer kritischen Analyse zu unterziehen.

Es gibt noch einen weiteren Fall von Interpretation, der hier nur kurz erwähnt werden kann, nämlich die Interpretation von völlig anonymen Strukturen, unabhängig von der Art und Weise, wie ihre Bedeutungen vermittelt werden. Es handelt sich um das Problem, größere institutionelle Konstellationen mit ihren Bedeutungen zu interpretieren, im Unterschied zu den Bedeutungen von Individuen oder Gruppen von Individuen (selbst solchen, die eine spezifische konkrete Subkultur bilden mögen). Beispiele dafür wären »die deutsche Familie«, »der deutsche Staat«, »die kapitalistische Wirtschaft« oder »das islamische Recht«. Natürlich, jede dieser Abstraktionen wird repräsentiert durch konkrete Menschen, die sich in konkreten Handlungen engagieren, doch Institutionen als solche können niemals empirisch zugänglich sein. Doch dies heißt keineswegs, daß Institutionen bedeutungslose Entitäten wären. Im Gegenteil, jede menschliche Institution ist sozusagen eine Ablagerung von Bedeutungen oder, um ein anderes Bild zu verwenden, eine Kristallisierung von Bedeutungen in objektiven Formen. Wenn Bedeutungen auf diese Weise objektiviert, *institutionalisiert* werden, werden aus ihnen allgemeine Bezugspunkte für sinnvolles Handeln zahlloser Individuen, sogar von einer Generation zur anderen. Doch diese institutionalisierten Bedeutungen können auch interpretiert werden, das heißt, man kann sie aus ihren scheinbar verkrusteten Formen »herausholen« oder »herauswickeln«. Doch wie man *dies* bewerkstelligt, kann hier nicht weiter erörtert werden.

Statt dessen wollen wir uns nun der früher erwähnten Art von Bedeutung zuwenden, nämlich einer, die völlig außerhalb der eigenen Lebenswelt liegt. Natürlich ist in dem oben ziemlich ausführlich beschriebenen Beispiel das Individuum mit einer wahrlich unvertrauten, überraschenden sozialen Situation konfrontiert, und an der in dieser Situation angedeuteten Subkultur hat es zuvor noch nicht partizipiert. Gleichwohl sind unserer jungen Frau sowohl Situation wie Subkultur nicht völlig unbekannt. Wie kurz erwähnt, hatte sie tatsächlich konventionelle Interpretationsschemata »zur Hand«, um mit dieser unvertrauten sozialen Realität umgehen zu können – das bezeugen die konventionellen Typifizierungen (oder wenn man will, Stereotypen) der kalifornischen Lebensart. Und schließlich war der erste Informant ein Mensch, mit dem zunächst einmal Konversation möglich war, mit dem die junge Frau bereits große Bereiche der eigenen sozialen Realität teilt (wie das vorausgegangene Gesprächsthema über den Arbeitsmarkt beweist) und mit dem sie sich (last not least) in Standard-Englisch unterhalten konnte. Wenn wir eine Variante des Beispiels, auf das wir zuvor angespielt haben – über Leute, die in einem amerikanischen Tagungshotel ein Opferritual in Form einer Menschentötung vornehmen wollen –, weiter ausgesponnen hätten, wäre der Interpretationsprozeß, wie sich von selbst versteht, anders und viel schwieriger gewesen. Doch für die nun in Frage stehende Art der Interpretation gibt offensichtlich der Besucher eines mehr oder weniger völlig fremden Landes das beste Beispiel ab.

Lassen Sie uns also annehmen, daß ich Anthropologe bin, der zu guter Letzt in einem der wenigen wahrhaft unberührten Dschungelgebiete, die es auf der Welt noch gibt (ich *habe* »*Schwein gehabt*« als Anthropologe), Feldforschung betreibt. Meine eingeborenen Informanten erklären über schreckliche linguistische Barrieren hinweg eines *ihrer* Menschenopferrituale (warum nicht?) – sagen wir, Jungfrauen in den Vulkan zu werfen, um den Regengott zu besänftigen. Wenn ich meine Bemühungen um Interpretation dieses seltsamen Brauchs mit Interpretationen vergleiche, wie sie in gewöhnlichen Situationen in meiner Heimatgesellschaft vonstatten gehen, fallen mir wiederum sowohl Ähnlichkeiten wie Unterschiede auf.

Als ein voll sozialisierter Erwachsener, der sich in einer *Face-to-face-*Interaktion mit anderen menschlichen Wesen befindet, steht mir immer eine Möglichkeit offen (lassen Sie uns in diesem Falle annehmen, daß ich *keine* Jungfrau bin und folglich für eine engere Partizipation an den fraglichen Ereignissen nicht geeignet bin): nämlich die Möglichkeit, »eingeboren zu werden«. Dabei kommt es zu einem Prozeß der Resozialisierung, an dessen Ende ich ein Mitglied des Bedeutungssystems werde, das ich ursprünglich als Außenseiter studiert habe. Solche Resozialisierungen sind für Anthropologen eine ständige Gefahr; einige von ihnen werden dieses Ergebnis natürlich begrüßen und ihm nicht auszuweichen suchen. Wie dem auch sei, der Anthropologe, der »eingeboren wird«, hat damit in einer anfangs fremden Situation eine neue »natürliche Einstellung« entwickelt. Die Interpretationsprobleme unterscheiden sich dann nicht von den oben erörterten innerhalb der eigenen Gesellschaft. Der Interpret teilt mit den Leuten, deren Handlungen es zu interpretieren gilt, eine im wesentlichen allen gemeinsame Relevanzstruktur und deren Wissensgut: »Wer sind diese Mädchen?« – »Sie gehen in den Vulkan.« – »Ach ja, natürlich, wir haben wieder die Jahreszeit. Wie viele sind es?« . . .
Doch der interessantere Fall ist der des Anthropologen (oder, nebenbei bemerkt, jedes Außenstehenden), der *nicht* völlig »eingeboren wird«. Lassen Sie uns annehmen, daß dies auf mich zutrifft. Ich bleibe, was ich war, bevor ich im Dschungel ankam (das glaube ich jedenfalls), und suche die »eingeborenen« Bedeutungen zu interpretieren. Jeder Außenstehende, selbst ein zufälliger Tourist, ist genötigt, sich in diesem Sinne zu bemühen, doch als Anthropologe sind meine Bemühungen systematischer und mir bewußter. Hier gilt natürlich *mutatis mutandis* alles das, was weiter oben zur soziologischen Interpretation als unterschiedlich zur gewöhnlichen angeführt worden ist: Da sind ein anthropologisches Theoriegebäude, anthropologische Daten und eine anthropologische Relevanzstruktur usw. Überflüssig zu sagen, daß der Prozeß des *Zuhörens* in diesem Fall schwieriger ist: Ich verstehe die Sprache kaum, mir entgehen relevante Hinweise in den Äußerungen und Handlungen der Leute, da sind weite Bereiche, die für mich ein völliges Geheimnis sind – und, wollen wir annehmen, die Aussicht, beobachten zu müssen, wie die Mädchen in den Vulkan geworfen werden, regt mich zumindest ein wenig auf, so daß ich einige Schwierigkeiten habe, die notwendige Haltung ruhigen Abstands beizubehalten und den »Einbruch« meiner emotionalen Reaktionen und moralischen Urteile zu verhindern. Um den bekannten anthropologi-

schen Terminus zu benutzen, ich leide wahrscheinlich unter einem
akuten Kulturschock. Doch hier müssen wir darauf hinweisen, daß ein
solcher Kulturschock auch einige nützliche Nebeneffekte hat. Er
zwingt mich, allem, was geschieht, meine volle Aufmerksamkeit zu
widmen, eben weil alles so schockierend unvertraut ist. Im Gegensatz
dazu entgeht in meiner eigenen Gesellschaft vieles meiner Aufmerksamkeit, weil es innerhalb einer vertrauten Struktur stattfindet. Es mag
sein, daß Vertrautheit zur Verachtung führt; für den interpretierenden
Sozialwissenschaftler ist jedoch wichtiger, daß Vertrautheit Unaufmerksamkeit mit sich bringt. Die Fremdheit der Situation ist folglich
im kognitiven Sinne sowohl eine Schwierigkeit wie auch ein Vorteil.

Wenn ich in dieser Situation Erfolg haben will – das heißt, *weder* ein
verständnisloser Außenseiter zu bleiben *noch* »eingeboren zu werden«
–, dann muß ich, in einem ganz realen Sinne, eine »mehrfache Person«
werden (in gewissem Maße ist dies jeder, vor allem in einer modernen
pluralistischen Gesellschaft; doch hier kommt es zu einem qualitativen
Sprung). Das bedeutet, daß ich sowohl innerhalb wie außerhalb der
Situation stehe, und meine Aktivität als sozialwissenschaftlicher Interpret stellt sicher, daß ich dies stets empfindliche Gleichgewicht auf-
rechterhalte. Der anthropologische Feldforscher ist geübt darin, dies
seltsame Kunststück mit einer Vielfalt von Techniken zu vollbringen;
zum Beispiel ist die Praxis kontinuierlicher Feldnotizen ein Ritual zur
Aufrechterhaltung des Insider-Outsider-Status. Die Einzelheiten dieses Vorgehens können wir hier nicht erörtern. Doch als nächstes muß
hervorgehoben werden, daß der Soziologe, auch in seiner eigenen
Gesellschaft, dem Anthropologen in diesem Status ähnelt, auch wenn
er »zu Hause« leichter beizubehalten ist als im Dschungel. Man kann
sagen, daß die Fremdheit, die der Anthropologe automatisch erfährt,
von dem Soziologen künstlich hergestellt werden muß, will er den
Gefahren der Unaufmerksamkeit gegenüber dem Vertrauten aus dem
Wege gehen. Anders gesagt, der Anthropologe steht vor dem Problem,
»eingeboren zu werden«, der Soziologe hingegen muß sich bemühen,
»fremd zu werden«. Noch anders gesagt: Jeder Akt soziologischen
Interpretierens führt zu einer künstlichen Distanz oder Fremdheit
zwischen dem Interpreten und dem Interpretierten.

Zunehmend erforschen natürlich nicht nur Anthropologen exotische
Kulturen, auch die Soziologen steuern ihren Teil zu solchen Studien
bei. In diesem Maße haben sich die methodologischen Differenzen
zwischen den beiden Disziplinen verringert. Doch zum Thema des

Interpretierens einer völlig fremden Gesellschaft ist noch ein weiterer Punkt hervorzuheben. Man kann zwei unterschiedliche Ziele anstreben. Erstens, möchte ich diese Gesellschaft vielleicht nur *präsentieren* – gleichsam für eine Ausstellung in einem ethnographischen Museum. Oder zweitens bin ich daran interessiert, diese Gesellschaft mit meiner eigenen oder anderen zu *vergleichen,* um allgemeinere Hypothesen oder Theorien zu prüfen. Innerhalb der anthropologischen Disziplin hat man lange Zeit über die Validität dieser beiden Forschungsansätze debattiert. Hingegen hat man sich in der Soziologie nie viel über dieses Thema gestritten. Soziologie ist ihrem eigentlichen Wesen nach eine vergleichende und generalisierende Disziplin, und dieses kognitive Ziel gibt den Charakter der Fragen vor, auf die Antworten gesucht werden. Max Webers umfangreiche Leistungen in kulturübergreifender Religionssoziologie sind ein vorrangiges Beispiel für dieses vergleichende und generalisierende Bemühen, wenngleich keineswegs das einzige.

Wiederum unterschiedlich ist natürlich die Interpretation *vergangener* Gesellschaften – etwa die Interpretation der sexuellen Sitten oder religiösen Praktiken im alten Rom. Dabei stößt man auf ganz ähnliche Probleme wie bei der Interpretation einer weitgehend fremden gegenwärtigen Gesellschaft –: Sprachbarrieren und Informationsmangel sowie die sich daraus ergebenden Schwierigkeiten, die Relevanzstrukturen in ihrer Wirkung zu verstehen. Doch es zeigen sich auch Unterschiede: Zum einen sind die Informationsquellen begrenzt. In der oben erwähnten Dschungel-Gesellschaft, mag sie auch analphabetisch sein, ist jedes lebende Mitglied dieser Gesellschaft ein »Text«, der zur Interpretation einlädt; im Falle des alten Rom muß sich der Interpret mit einer mehr oder weniger feststehenden Anzahl schriftlicher Quellen und dazu mit archäologischen Anhaltspunkten begnügen. (In dieser Hinsicht kann man sich natürlich einen glücklicheren Fall vorstellen, nämlich den Interpreten einer Gesellschaft, über die gerade eine Menge neuer archäologischer Entdeckungen gemacht werden.) Auch kann der Interpret in einem radikaleren Sinne, als oben hinsichtlich der Lektüre eines Zeitungsberichts festgestellt, keinerlei Fragen stellen. Es leben keine Angehörigen der Gesellschaft mehr, die die Fragen beantworten könnten. Das bedeutet weiter, daß die zu interpretierenden Bedeutungen »erstarrt« sind; sie werden sich nie wieder ändern. Im Gegensatz dazu befinden sich auch in einer »primitiven« Dschungel-Gesellschaft die Bedeutungen in stetem Wandel, sind in einer Art Fluß, solange es dort lebende Menschen gibt, die ihre Existenz an diesen Bedeutungen orientieren. Man kann auch sagen, daß die Eigenschaft des »Erstarrtseins« der Vergangenheit ihr das Ehrfurchtgebietende verleiht; es gibt keine Römer mehr, und was sie getan und gemeint haben, ist in ein ewiges Gemälde eingefangen, das sich nie mehr verändern wird; das alte Rom ist, anders als jede lebende Gesellschaft, eine Realität »ein für allemal«.

Wie im Fall der Anthropologie kann auch der Interpret der Vergangenheit, vor allem der Historiker, zwei unterschiedliche kognitive Ziele verfolgen: die vergangene Gesellschaft um ihrer selbst willen zu interpretieren; und sie zu interpretieren, um bestimmte Wesenszüge der Gegenwart oder anderer Gesellschaften als dieser bestimmten erklären zu können. Wiederum handelt es sich um die Ziele der »Ethnographie« im Gegensatz zu solchen des Vergleichs oder der Generalisierung. Seit Edward Gibbon, wenn nicht früher, ist in der Tat stets eines der vorrangigsten Motive von Gelehrten, die sich zur Geschichte des alten Rom hingezogen fühlten, die Erwartung gewesen, daß sich aus diesem Studium »Lektionen« für die Gegenwart ableiten lassen. Und wie in der Anthropologie lagen sich die Historiker über diese Art des Interesses in den Haaren; einige teilten es, andere argumentierten, jede historische Konstellation sei einzigartig und sollte um ihrer selbst willen und ohne pädagogische Hintergedanken studiert werden. Wofür immer die Historiker sich entscheiden mögen, die Soziologen jedenfalls sind immer bestrebt, Lehren aus der Vergangenheit zu ziehen – natürlich keine moralischen oder philosophischen, sondern Lehren in dem Sinne, daß sich in der Vergangenheit Anhaltspunkte für diese oder jene Hypothese darüber finden lassen, wie Gesellschaften funktionieren. Wiederum ist Max Weber das wichtigste Beispiel für einen solchen soziologischen Gebrauch der Vergangenheit.

Es dürfte nützlich sein, nun die gesamte Erörterung dieses Kapitels bis zu diesem Punkt zusammenzufassen: In *all* den diskutierten Fällen, selbst im Fall der gewöhnlichen Unterhaltung im Alltagsleben, ist eine Interpretation der Bedeutungen anderer beteiligt, eine Interpretation durch eine komplexe Interaktion und wechselseitiges Durchdringen von Relevanzstrukturen, Bedeutungs- und Wissenssystemen. Was ich, der Interpret, für interessant halte, trifft auf die Interessen anderer; was ich meine und zu wissen glaube, muß sozusagen gegen ihre Absichten und Realitätsdefinitionen ankämpfen. Wenn ich kein gewöhnlicher Beobachter, sondern Soziologe bin, ist der Prozeß der Interpretation insofern anders, als ich mir der Dynamik dieser Interaktion stärker bewußt bin oder es jedenfalls sein sollte und sie daher besser kontrollieren kann. *Qua* Soziologe bin ich auch expliziten und impliziten Regeln über die Art des Vorgehens verpflichtet – den »Spielregeln« der soziologischen Disziplin. Schließlich bringe ich in die Situation auch spezifische *wissenschaftliche* Relevanzstrukturen und Wissenssysteme mit, die sich von denen gewöhnlicher Menschen unterscheiden.

Wir müssen nun den Charakter dieser spezifisch soziologischen (oder allgemeiner sozialwissenschaftlichen) Form der Interpretation weiter durchleuchten. Anders ausgedrückt, wir müssen die »Spielregeln« der Soziologie weiter durchleuchten. Wir können dabei konventionell verfahren, so daß wir uns auf eine Anzahl zentraler methodologischer Fragestellungen konzentrieren.

Die Frage der Konzeptualisierung. In der Wissenschaft gibt es keine »Rohfakten«, sondern nur Fakten, die in einem spezifischen begrifflichen Bezugsrahmen stehen. Doch es ist wichtig, sich klarzumachen, daß sich dies auch vom gewöhnlichen Leben sagen läßt. Auch dort haben wir es nicht mit »Rohfakten« zu tun, sondern mit Fakten, die sich in Relevanz- und Bedeutungsstrukturen einfügen. Das heißt, auch das gewöhnliche Leben ist in den Köpfen aller, die daran teilhaben, organisiert, und diese Organisation vollzieht sich mit Hilfe eines begrifflichen Bezugsrahmens – wie simpel oder unlogisch er auch sein mag und wie dumpf sich die Teilhaber seiner auch bewußt sein mögen. So kann, um ein früheres Beispiel wieder aufzugreifen, der Mensch (das heißt, der gewöhnliche Mensch und nicht der beobachtende Sozialwissenschaftler), der erklärt: »Dies ist eine Orgie!«, diese Behauptung tatsächlich auf der Grundlage der Beobachtung von »Fakten« einer zweifelsfrei empirischen Art aufstellen – etwa indem er zehn Leute beobachtet, die sich völlig nackt auf dem Teppich des Hotelzimmers eindeutig sexuellen Verrichtungen hingeben. Aber auch dieses »Faktum« ist nicht »roh« (ein Wortspiel ist nicht beabsichtigt). Es ist zunächst nur ein beobachtetes Faktum, weil der Beobachter ihm seine *Aufmerksamkeit* widmet; allerdings kann unsere ein wenig unschuldige Pädagogin aus der Provinz durchaus begreiflich den nackten Leuten auf dem Fußboden keinerlei Beachtung schenken, sondern statt dessen ihren Blick mit leidenschaftlicher Intensität auf die künstlerischen Hervorbringungen richten, die an der Wand hängen (stellen wir uns vor, sie sei eine Kennerin von Hotelkunst). Oder sie kann auch, eine andere Möglichkeit, abgewandten Blicks in das Badezimmer eilen und die Installationen inspizieren, weil sie, aus welchen intellektuellen Gründen auch immer, an den jüngsten Innovationen aus dem Bereich der modernen Technologie interessiert ist. Mit anderen Worten, ihr Interesse an den sexuellen »Fakten« in der Situation ist das Ergebnis dessen, was Psychologen als »selektive Wahrnehmung« zu bezeichnen belieben – das heißt, sie nimmt *diese* bestimmten Fakten wahr, weil sie an ihnen und nicht an *anderen* Fakten interessiert ist, die sie, zumindest für den Augenblick, nicht beachtet. Dieses Interesse setzt einen Begriffsrahmen voraus, durch den die ständigen Datenmassen, mit denen die Sinne bombardiert werden, sich ordnen lassen. Und natürlich ist die scheinbar spontane Kennzeichnung dieser bestimmten wahrgenommenen Fakten als »Orgie« die direkte Anwendung eines *Konzepts* auf das Wahrgenommene. Dieses Konzept setzt ein größeres System von Konzepten voraus, die für den Bereich der sexuellen Aktivität relevant sind. Um das Beispiel abzuändern: Wenn unsere Beobachterin nach Betreten des Hotelzimmers zwei Menschen anträfe, einen Mann und eine Frau, die auf dem Bett und nicht auf dem Boden liegen und sich sexuell betätigen, dann wäre *diese* Szene, wie immer die Betrachterin sie auch nennen mag, kaum eine »Orgie«. In diesem Falle würde ein *anderes* Konzept innerhalb des übergreifenden Begriffsrahmens sexueller Aktivitäten sicherlich zutreffender erscheinen.

Doch dies sind keine Konzepte im streng wissenschaftlichen Sinne, denn sie sind nicht genau definiert, ihre Beziehungen untereinander sind nicht geklärt, und ihre empirische Validität ist nicht durch Beweisverfahren rigoros getestet – alles Merkmale von Konzepten innerhalb eines wissenschaftlichen Bezugsrahmens. Die Quasi-Konzepte des Alltagslebens dienen einer betont pragmatischen Absicht: eine »Lebenslandkarte« bereitzustellen. Diese im Alltagsleben pragmatisch angewandten Quasi-Konzepte sind nach einem Begriff von Alfred Schütz *Typifizierungen;* sie sind, wie Schütz umfassend gezeigt hat, für das gewöhnliche Sozialleben unverzichtbar, denn ohne sie wüßten die Leute nicht, »was was ist«.

Nun darf der Soziologe die Typifizierungen nicht einfach so übernehmen, wie sie sind, sondern er oder sie muß sie zur *Kenntnis nehmen.* Wo diese Kenntnisnahme fehlt, kommt es unter Umständen nicht zu einer Interpretation des tatsächlichen Geschehens. Kehren wir zu unserem Beispiel zurück: Die Beobachterin wendet mit den Worten: »Dies ist eine Orgie!« ein Konzept an, das zum wenigsten eine kollektive Verletzung konventioneller Sexualsitten impliziert. Doch wenn sie im Fortgang ihrer Untersuchung mit dieser Konzeptualisierung nicht weiterkommt, ist es wichtig, daß sie zur Kenntnis nimmt, was die *Akteure* dieser Szene mit ihrer Aktivität meinen. Mit anderen Worten, in irgendeiner Form (ohne notwendig dasselbe Wort zu verwenden) müssen auch die Akteure sich sagen: »Wir veranstalten eine Orgie!« Wenn sie sich dies *nicht* selbst sagen, ist es zweifelhaft, ob der Soziologe die Szene als »Orgie« bezeichnen kann. Das kann man ohne weiteres erkennen, wenn man sich andere Bedeutungsstrukturen der Situation vorstellt. Nehmen wir an, es stellt sich nach weiterer Erkundigung heraus, daß ein arabischer Potentat mit seinen neun Konkubinen das Hotelzimmer bewohnt und daß sie sich mit ihrem Tun einer routinemäßigen Siesta hingeben. Oder angenommen, daß sich überhaupt keine sexuellen Aktivitäten abspielen, sondern daß es sich vielmehr um Probearbeiten eines Laientheaters für simulierte Szenen in einem der heutigen Sexfilme handelt. Oder daß der erste Eindruck von der Situation ein völliger Irrtum war: Die Leute tragen lediglich fleischfarbene enge Trikots und üben für eine höchst dekorative moderne Tanzveranstaltung.

Was sich aus dieser Überlegung ergibt, ist einfach, aber von großer methodologischer Bedeutung: Soziologische Konzepte können keine Gedankenmodelle sein, die Dingen von außen aufgeprägt werden (wie dies Positivisten jeglicher Couleur gewöhnlich tun), sondern sie müssen sich vielmehr auf die in der untersuchten Situation bereits wirksamen Typifizierungen beziehen. Alle menschlichen Situationen tragen Bedeutungen – oder wenn man will, sie sind von innen durch Bedeutungen erhellt. Das Ziel der soziologischen Interpretation besteht darin, diese Bedeutungen klarer »herauszuarbeiten« und sie (kausal oder sonstwie) mit anderen Bedeutungen und Bedeutungssystemen in Beziehung zu setzen. Um uns der Sprache von Schütz zu bedienen, soziologische Konzepte sind Konstrukte zweiter Ordnung (die Konstrukte erster Ordnung sind natürlich Typifizierungen, die der Soziologe in der Situation bereits vorfindet). Mit den Worten von Weber müssen soziologische Konzepte sinnadäquat sein – das heißt, sie müssen in verständlicher Beziehung zu den sinnvollen Intentionen der Akteure in der Situation stehen.

Diese Auffassung vom Wesen sozialwissenschaftlicher Konzepte hat Weber mit seiner Theorie der Idealtypen in großer Ausführlichkeit entwickelt. Alle Konzepte der Soziologie sind »Idealtypen«. Ihre Konstruktion beruht auf einer besonderen *Übertragung* gewöhnlicher Typifizierungen in den wissenschaftlichen Bezugsrahmen. Daher sind sie nicht »wirklich« – nicht »wirklich dort draußen« –, sondern sie sind für spezifische kognitive Zwecke »künstlich« hergestellt. Nehmen wir als Beispiel zwei von Webers eigenen Begriffsschöpfungen: *Bürokratie* und *innerweltliche Askese*. Beide sind Idealtypen insofern, als Weber sie zu Interpretationszwecken sorgsam konstruiert hat; keine von beiden ist oder war »wirklich dort draußen« in der von Weber definierten Weise. Doch es besteht ein Unterschied zwischen ihnen. In den modernen Gesellschaften würden viele Individuen sich und anderen ohne Zögern eingestehen: »Ich bin Mitglied einer Bürokratie.« Hingegen hat noch niemals ein puritanischer Unternehmer zu sich selbst gesagt: »Ich bin ein innerweltlicher Asket.« Folglich steht das zweite Konzept in größerer Distanz zu den Typifizierungen der »realen« Sozialwelt als das erste. Dennoch sind beide Konzepte sinnadäquat. Ein Bürokrat kann sich in Webers Konstruktion der Bürokratie sofort wiedererkennen. Und ein puritanischer Unternehmer, von einer Zeitmaschine aus dem kolonialen Neuengland in Webers Heidelberger Studierstube versetzt, wäre sicherlich durch den *Terminus* »innerweltliche Askese« verwirrt, doch auch er würde kaum Schwierigkeiten haben, seine moralische Welt in Webers Beschreibung wiederzuerkennen. Der Unterschied zwischen den beiden Konzepten und zwischen der jeweiligen Distanz von den Typifizierungen des gewöhnlichen Lebens beruht auf dem Unterschied der kognitiven Absichten Webers in den beiden Fällen. In seiner Analyse der Bürokratie beschäftigte sich Weber mit einem für die moderne Welt spezifischen Phänomen; doch das Konzept der innerweltlichen Askese hat er konstruiert, um über Moralsysteme vom alten Indien bis zum Amerika des zwanzigsten Jahrhunderts Vergleiche und Generalisierungen anzustellen, und folgerichtig *mußte* er ein »distanzierteres« Konzept konstruieren.

Weiter folgt daraus, daß soziologische Konzepte eine Ad-hoc-Qualität besitzen. Sie sind für eine spezifische kognitive Absicht konstruiert, und sie werden unter Umständen für andere Absichten verworfen. Auch empirische Anhaltspunkte »da draußen« können ihre Aufgabe oder Modifizierung erzwingen. Wenn also Menschen, auf die ein Konzept angewandt wird, sich darin *nicht* »wiedererkennen« können – im Falle von lebenden Personen durch verbalen Protest in Form eigener Definitionen ihrer Situation; im Falle von Leuten der Vergangenheit durch Dokumente, die man als »protestierende Texte« bezeichnen kann –, dann wird der Soziologe gezwungen sein, neue Konzepte zu konstruieren, die der in Frage stehenden Situation angemessener sind.

Bei alledem sind Bedeutungen des gewöhnlichen Lebens in eine *andere* Bedeutungswelt transponiert worden, nämlich in die des Sozialwissenschaftlers. Diese Transponierung bildet den Kern der soziologischen Interpretation. Sie stellt auch eine anfängliche *Erklärung* der fraglichen Situation dar: Der soziologische Interpret versteht nun nicht nur etwas, er versteht es auch in einer neuen Weise, was vor der Transponierung nicht möglich war.

Die Frage nach dem Ergebnis der Konzeptualisierung. Die Soziologie ist seit ihren Anfängen von dem positivistischen Ideal heimgesucht worden. Dieses Ideal fordert die Aufstellung universaler Gesetze nach Art der Naturwissenschaften und die Annahme eines Systems kausal miteinander verknüpfter Beziehungen, unter das sich spezifische Phänomene subsumieren lassen. Wenn diese Gesetze empirisch gültig sind, können sich von ihnen spezifische Phänomene als Fälle ableiten lassen, und es können Voraussagen über deren künftigen Verlauf getroffen werden.

Die obige Beschreibung der Konzeptualisierung zeigt die Schwäche dieses Ideals. Soziale Phänomene werden notgedrungen verzerrt, wenn die ihnen innewohnenden Bedeutungen ignoriert werden. Doch diese Erkenntnis hat weitere Implikationen: Von Gesetzen wird angenommen, daß sie universale Gültigkeit besitzen; menschliche Bedeutungssysteme besitzen solche Gültigkeit nicht.

Nehmen wir als Beispiel den Versuch eines Soziologen, politische Aktionen zu interpretieren, die von einer bestimmten Gruppe in einer bestimmten Situation in Gang gesetzt werden. Nehmen wir an, diese Interpretation soll einem vermeintlichen Gesetz folgen, demzufolge Menschen sich an Wahlen beteiligen, um ihre Interessen zu maximalisieren. Dies ist natürlich nicht völlig falsch. Doch was Leute als ihre eigenen Interessen ansehen, hängt von ihren Bedeutungssystemen ab – und die lassen sich *nicht* von dem zuvor erwähnten Gesetz ableiten. Zum Beispiel kann ein Beobachter zum Schluß kommen, Kandidat X vertrete bei einer bestimmten Wahl die Interessen der Mehrheit der Wähler in seinem Stimmbezirk – im Sinne etwa der von diesem Kandidaten geforderten Wirtschaftspolitik. Doch es trifft sich, daß die Wähler an wirtschaftlichen Fragen nicht primär interessiert sind. Ihre Aufmerksamkeit konzentriert sich vielmehr auf ethnische Fragen – und eine große Zahl der Wähler hat als ihr vorrangiges Interesse die Wahl eines Kandidaten definiert, der ihrer eigenen ethnischen Gruppe angehört, und diese Zugehörigkeit hat Kandidat X nicht aufzuweisen.

Mit anderen Worten, die Interessen in dieser Situation sind nicht die vom Beobachter angenommenen. Der Beobachter mag durchaus glauben, daß diese Leute die Situation irrational, ja sogar moralisch verwerflich definiert haben, doch dieser Glaube hilft bei der Interpretation dieser Situation überhaupt nicht weiter (und, keineswegs beiläufig, auch nicht bei der Voraussage über das Wahlergebnis).

Konzeptualisierung, wie sie hier verstanden wird, kann sehr wohl bei der Aufstellung von Kausalverbindungen behilflich sein (»Kandidat X hat die Wahl verloren, weil er kein Deutscher ist«), doch nur wenn die in dieser Situation wirksamen Bedeutungen in Rechnung gestellt werden. Das gleiche gilt natürlich auch für die Voraussage.

Das funktionalistische Ideal unterscheidet sich ein wenig vom positivistischen. Es fordert Aufdeckung der Funktionen, unabhängig von den Absichten der Akteure in einer sozialen Situation (die »latenten Funktionen« von Robert Merton; die Aufdeckung der »manifesten Funktionen« erfordert natürlich keine größeren soziologischen Untersuchungen, zumindest nicht in der eigenen Gesellschaft). Greifen wir ein anderes Beispiel wieder auf: Die dem Opferritual um den Vulkan zugrunde liegende Funktion soll nicht fortwährenden Regen gewährleisten, sondern dient vielmehr den ökonomischen Interessen der Priesterschaft – sagen wir, weil die Zeremonien kostspielige Geräte erfordern, welche die Priesterkaste monopolistisch herstellt und für die Veranstaltung ausleiht.

Auch diesen Erklärungstyp kann man nicht einfach von der Hand weisen. Doch es muß eine Unterscheidung getroffen werden (die natürlich auf empirischen Anhaltspunkten beruht). Eine Möglichkeit besteht darin, daß sich die Priester dieser ökonomischen Zusammenhänge völlig bewußt sind, ja, daß sie der Grund sind, warum sie oder ihre Vorgänger das Ritual überhaupt erfunden haben. In diesem Fall ist das ökonomische Interesse ganz und gar keine »latente Funktion« – das heißt, nicht für die Priester –, sondern die manifeste Bedeutung ihres Tuns. Die andere (keineswegs ungewöhnliche) Möglichkeit ist, daß die Priester – zusammen mit der allgemeinen Bevölkerung und (wer weiß?) vielleicht sogar mit den zu opfernden Jungfrauen – aufrichtig glauben, daß die einzige Absicht der Veranstaltung darin besteht, den Regengott zu veranlassen, weiterhin Regen vom Himmel fallenzulassen. Das heißt, die Priester selbst (wie so viele ehrliche Leute) sind sich ihrer ökonomischen Interessen nicht bewußt, definieren solche Interessen nicht als Motive für sich selbst und andere und würden heftig widersprechen, wenn man ihnen solche Motive unterstellte. In einem solchen Falle könnte der Soziologe durchaus einen Begriff wie »latente Funktion« verwenden. Oder mit Webers Worten könnte der Soziologe sagen, daß die ökonomischen Vorteile »unbeabsichtigte Folgen« dieser Handlungen sind. Beide Formulierungen sind annehmbar, solange klar ist, daß dies eine Erklärung im Kopf des wissenschaftlichen Beobachters ist und in keiner Weise der sozialen Realität »dort draußen« zugeschrieben werden kann. Dies sollte noch klarer sein, wenn in der Tradition von Emile Durkheim und des anglo-amerikanischen Funktionalismus die »latente Funktion« des Rituals im Sinne der Aufrechterhaltung kollektiver Solidarität erklärt wird (eine Erklärung, bei der all die spezifischen Merkmale des Rituals sich als zufällig herausstellen). Bei allen Erklärungen im Sinne von »Latenz« erkennen sich die Akteure natürlich darin nicht wieder – was so lange akzeptabel ist, als man ihnen auf einer empirisch nicht zugänglichen Ebene ein solches Sich-Wiedererkennen nicht unterstellt. (Die Frage, ob nicht vielleicht »unbewußte Motive«, wie die Psychoanalyse sie versteht, dahinterstehen, kann hier nicht weiterverfolgt werden.)

Die Beweisfrage. Beweise in der Soziologie müssen immer in Begriffe von Bedeutung gekleidet sein. Genauer, die Konstrukte zweiter Ordnung des wissenschaftlichen Beobachters müssen ständig in Beziehung zu den Konstrukten erster Ordnung des gewöhnlichen Lebens gesetzt werden. Folglich muß auch die Falsifizierung der Hypothesen des Soziologen mit Begriffen von Bedeutung durchgeführt werden.

Wenden wir uns nur noch einmal dem Beispiel des Wahlkampfes zu: Ich (der Soziologe, der den Wahlkampf analysiert) bin an den Chancen des Kandidaten X interessiert. Um eine Hypothese, die ich in dieser Angelegenheit aufstellen mag, prüfen zu können, muß ich die Bedeutungen zu verstehen suchen, die in diesem bestimmten Wahlbezirk ins Spiel kommen. So habe ich die Hypothese aufgestellt, daß Kandidat X gewinnen wird, weil er die ökonomischen Interessen von Frankfurt-Nord vertritt. Doch nun bin ich losgegangen und habe herausgefunden, daß die meisten Wähler von Frankfurt-Nord ihre politischen Interessen überhaupt nicht im wirtschaftlichen Sinne definieren. Meine Hypothese ist genau deshalb falsifiziert, weil ich die in der Situation wirksamen Bedeutungen nicht zur Kenntnis genommen habe. Nun modifiziere ich die Hypothese und erkläre: »Obwohl Kandidat X die wirtschaftlichen Interessen von Frankfurt-Nord besser vertritt als jeder seiner beiden Opponenten, wird er die Wahl verlieren,

weil er Bayer ist.« Es erübrigt sich zu sagen, daß dies immer noch eine
Hypothese ist und keine Aussage von apodiktischer Wahrheit und daß
die Voraussage sich am Wahltag als falsch erweisen kann (so kann es
durchaus geschehen, daß sich eine Menge Leute aus Frankfurt-Nord
beim Betreten des Wahllokals plötzlich ihrer wirtschaftlichen Interessen erinnern und für die nächsten drei Minuten ihren ethnischen En-
thusiasmus und Antagonismus zurückstellen). Das heißt, jede sozialwissenschaftliche Hypothese ist eine *Wahrscheinlichkeits*-Aussage.
(Meine Hypothese bleibt, nebenbei gesagt, auch nach dem Wahltag
noch probabilistisch: Ich weiß zwar, daß Kandidat X die Wahl verloren hat, doch ich kann über die Gründe nur hypothetisch sprechen.)
Soziologische Interpretationen sind kein philosophisches Unternehmen. Sie müssen immer durch empirische Nachweise überprüft werden. Soziologische Erklärungen sind niemals Axiome, sondern empirisch falsifizierbare Hypothesen. Insofern sind sie den Erklärungen
und Behauptungen in allen Wissenschaften ähnlich. Doch in der
Soziologie sind Beweis und Falsifizierung nicht das gleiche wie in den
Naturwissenschaften – genau aus dem Grund, weil sie Bedeutungen
einbeziehen.
Es stellt sich ferner die Frage nach der Art und Weise, in der das
Beweismaterial gesammelt wird – die Frage nach den soziologischen
Methoden (als abgehoben von der Frage nach Methoden im Sinne
einer allgemeinen intellektuellen Vorgehensweise). Lange Zeit ist die
Frage im Sinne von qualitativen im Gegensatz zu quantitativen Methoden gestellt worden. Doch das ist ein Mißverständnis. *Bei den Aussagen, die hier gemacht werden, sollte nichts, aber auch gar nichts so
ausgelegt werden, als sei damit eine Bevorzugung qualitativer gegenüber quantitativen Methoden empirischer Forschung impliziert.* An
quantitativen Methoden ist überhaupt nichts falsch – *solange* sie dazu
eingesetzt werden, die in der untersuchten Situation wirksamen
Bedeutungen zu klären. Die Wahl zwischen den beiden Methoden
sollte, jedenfalls im Idealfall, auf nichts anderem beruhen als auf der
Möglichkeit, die sie bieten, das gesuchte Beweismaterial zu finden.
(Wir wissen, daß in einer weniger als idealen Welt auch Erwägungen
über vorhandene Hilfsmittel und Kenntnisse angestellt werden; diese
sind jedoch keine Erwägungen über methodologische Grundsätze.) So
gelangt man in dem genannten Beispiel unter Umständen zu der Überzeugung, daß zur Erforschung der Wählereinstellung in Frankfurt-
Nord eine gründliche Umfrage notwendig ist – mit einem peinlich

genau entworfenen und vorgetesteten Fragebogen, mit der Befragung eines geschichteten Samples der Wahlpopulation und mit der Anwendung der raffiniertesten statistischen Datenerhebungstechniken (einschließlich der Verwendung modernster Computer-Hardware). Andererseits kann man auch zu der Auffassung kommen, zwei oder drei voll ausgebildete Untersucher, die Kneipen, Geschäfte und Gemeindesäle in Frankfurt-Nord aufsuchen, seien völlig ausreichend, um die gewünschten Informationen zu erlangen. Die Entscheidung hängt sowohl von kognitiven wie praktischen Überlegungen ab, die man nicht verallgemeinern kann. In diesem Zusammenhang ist es wichtig zu betonen, daß *weder* die quantitative *noch* die qualitative Wahlmöglichkeit den soziologischen »Spielregeln« der Beweiserhebung unter Umständen vollauf genügt.

Die Frage der Objektivität. Interpretation, wie sie bisher beschrieben wurde, ist von einigen Kritikern einer positivistischen Denkrichtung so verstanden worden, als impliziere sie »reinen Subjektivismus«, »Intuition« oder »Empathie« – das heißt, sie wird als Versuch verstanden, Wissen ohne Kontrollen oder Korrektive zu erwerben. Vielleicht ist bereits genug gesagt worden, um zu belegen, daß dies ein Mißverständnis und Interpretation kein Ratespiel darüber ist, wo die Dinge langgehen. Hier erhebt sich natürlich die Frage nach der Objektivität soziologischer Interpretation; der Charakter dieser Objektivität bedarf näherer Erläuterung – die nicht nur gegen Kritiker gerichtet ist, die Kriterien von Objektivität einführen möchten, die von den Naturwissenschaften abgeleitet sind, sondern auch gegen Kritiker einer gänzlich anderen Denkrichtung, Kritiker, die bestreiten, daß bei der Interpretation sozialer Realität Objektivität in irgendeiner Form überhaupt möglich ist.

Beim Akt der Interpretation kommen unvermeidlich soziale Stellung, psychische Verfassung und kognitive Besonderheiten des Interpreten ins Spiel, und all dies beeinflußt die Interpretation. Wenn ich also die orgiastischen Vorgänge in dem Hotel interpretiere, muß ich mit bestimmten Fakten rechnen – etwa daß ich ein aufwärts mobiler protestantischer Friese der Mittelschicht bin, daß ich eine Frau gegen Ende zwanzig bin, die gerade eine Liebesaffäre hinter sich hat, die sie gegenüber Akademikern mißtrauisch gemacht hat, daß ich statistische Methoden, wenn nur möglich, meiden möchte, da ich nicht rechnen kann, und daß ich den dringenden Wunsch verspüre, die Schulz-Sommerauer-Hypothese über sexuelle Devianz zu widerlegen (mit

Schulz habe ich früher zusammengewohnt, und ich mag ihren Fett-
wanst nicht). Nun wäre es freilich lächerlich, behaupten zu wollen, der
gewissenhafte Soziologe könne solche Faktoren stets kontrollieren
und Objektivität heiße, daß Faktoren dieser Art gewissermaßen anti-
septisch aus dem Interpretationsunternehmen entfernt worden sind.
Doch das ist nicht der Punkt.

Vielmehr geht es darum, daß der Soziologe, gewiß im Prinzip und zu
einem großen Maß in der Wirklichkeit, diese Faktoren kontrollieren
kann, wenn er sich an die oben erörterten Regeln wissenschaftlicher
Relevanzstruktur und Beweiserhebung hält. Wissenschaftliche Relevanzstruktur heißt in erster Linie, daß ich mir sagen kann: »Ich
betreibe hier soziologische Forschung« – und *ipso facto* bringe ich
meine kleinbürgerliche Moral *nicht* zum Ausdruck, lasse mich *nicht*
von meinem Ressentiment gegen den *homo academicus* leiten oder von
meinem Wunsch, Schulz zu beweisen, daß sie unrecht hat. Doch es
gehört mehr dazu als der fromme Wunsch, objektiv zu sein, wenn es
mir möglich ist. Die wissenschaftliche Relevanzstruktur ist verbunden
mit einem System empirischen Wissens, das bei jeder spezifischen
Interpretation in Rechnung gestellt werden muß. Dieselbe Relevanzstruktur stellt den Kontext aller Konzepte, die der Interpret hervor-
bringt. Diese Konzepte müssen Erklärungswert haben, das heißt, die
zu interpretierenden Phänomene in eine sinnvolle Beziehung bringen
zu vergleichbaren Phänomen, die zuvor bereits von anderen Soziologen interpretiert worden sind. Diese Beziehung entspringt nicht will-
kürlich der Subjektivität des Interpreten. Sie beruht auf einem allgemein zugänglichen System von Theorien und Daten, und sie muß in
Interaktion mit neuen empirischen Anhaltspunkten ständig bestätigt
werden. Die empirischen Daten, meine eigenen und die anderer,
äußern stets »ihre Meinung«, obwohl sie innerhalb des Begriffssche-
mas »sprechen«, das ich (und andere) konstruiert haben. Objektivität
heißt also *nicht,* daß der Soziologe über »rohe Fakten« berichtet, die
an sich »dort draußen« sind. Vielmehr meint Objektivität, daß das
Begriffsschema des Soziologen in dialektischer Beziehung zu den
empirischen Daten steht.

Der klassische Fall der Arbeit Max Webers über die »innerweltliche
Askese« sei hier ein weiteres Mal angeführt. Verschiedene Biographen
haben Webers soziale, psychologische und außerwissenschaftliche
»Interessen« an der Frage nach der Beziehung zwischen religiöser
Moral und den Ursprüngen des modernen Kapitalismus zu ergründen
gesucht. Doch das Konzept und die Riesenmenge an Hypothesen, die

es nach sich gezogen hat, wird nach wie vor den Sozialwissenschaftlern und Historikern herangezogen, die keine der außerwissenschaftlichen Neigungen Webers teilen. Und die Frage, ob die berühmte These von der »protestantischen Ethik« als Interpretation bestimmter Facetten der modernen Geschichte objektive Gültigkeit besitzt, läßt sich nicht als Ergebnis einer wie immer aufwendigen Erforschung der Biographie oder der Psyche Webers positiv oder negativ beantworten.

Anders gesagt, *wissenschaftliche Objektivität ist eine spezifische Relevanzstruktur, zu der ein Individuum in seinem oder ihrem Bewußtsein hinüberwechselt.* Wer die Möglichkeit eines solchen Wechsels bestreitet, muß auch die *allgemeine* Möglichkeit von Relevanzänderungen im Bewußtsein verneinen. Doch eine solche Leugnung würde in offensichtlichem Widerspruch zur gewöhnlichen Erfahrung wie zu wissenschaftlichen Beweisen stehen. So wissen wir, daß sich auch im gewöhnlichen Leben solche Wandlungen tatsächlich zu jeder Zeit vollziehen. Sexualität kann uns wiederum als ganz deutliches Beispiel dienen: Ich spreche mit einem Menschen des anderen Geschlecht über eine politische Frage, die uns beide interessiert. Im Verlauf der Unterhaltung bemerke ich eine starke, möglicherweise gegenseitige körperliche Anziehung. An diesem Punkt ändert sich die Relevanzstruktur der Unterhaltung drastisch, und was als, sagen wir, Sitzung über die Planung eines Wahlkampfes begann, wird in eine Verführungsstrategie übergeführt. Oder umgekehrt kann ich mich in einer höchst erotisch gefärbten Zweiersituation befinden, die plötzlich dadurch gestört wird, daß der andere politische Meinungen von sich gibt, die ich höchst anfechtbar finde. Da ich ein Mensch bin, der sich politisch sehr engagiert, halte ich es für unmöglich, angesichts dieser plötzlich aufgedeckten politischen Meinungsverschiedenheit mein erotisches Interesse aufrechtzuhalten. Ich beginne also politisch zu argumentieren, und indem ich das tue, verliere ich (kein Wunder) das Gefühl körperlicher Attraktion (zumindest zeitweilig). Mit anderen Worten, im gewöhnlichen Leben geht Sexualität mit einer Relevanzstruktur einher, *in die* und *aus der heraus* ich mich mit großer Leichtigkeit begeben kann. Man kann hinzufügen, daß ich diesen Wechsel in beträchtlichem Maße kontrollieren kann, es sei denn ich bin sexbesessen oder (im oben erwähnten Beispiel) ein politischer Fanatiker.

Dies ist gewiß *ein Fortiori* der wissenschaftlichen Relevanzstruktur. Sie ist durch ein weit höheres Maß an Bewußtsein und Kontrolle charakterisiert, die der wissenschaftliche Interpret lernen und verinnerlichen kann. In der Tat, dies ist sogar eines der wichtigsten Dinge, die man im Verlauf der soziologischen Ausbildung lernen sollte. Doch diese spezifische Relevanzstruktur ist auch, was sehr wichtig ist, *institutionalisiert*. Dies geschieht in der *Gemeinschaft von Forschern*, wie Charles Peirce sie genannt hat. Im Falle der Soziologen gibt es die Gemeinschaft der Soziologen, sowohl der lebenden wie der gestorbenen, die als eine Art wissenschaftlich »generalisierter Anderer« im Bewußtsein »gegenwärtig« sind. Mit etwas abgewandelten Worten, die Gemeinschaft von Soziologen, »die Disziplin«, stellt die »Bezugsgruppe«, mit der jeder einzelne Soziologe fortwährend in Interaktion steht, äußerlich über soziale Beziehungen, aber auch geistig. Objektivität, nicht so sehr als Ideal, sondern als immer wieder erfahrene Realität, ist das Ergebnis dieser ständigen Interaktion zwischen dem einzelnen Soziologen und der Gemeinschaft von Soziologen. Aufgrund des eigentlichen Wesens wissenschaftlicher Aktivität ist die auf diese Weise angehäufte Summe von objektivem Wissen niemals endgültig festgelegt, sondern stets vorläufig und revisionsbedürftig, ja selbst der Revision ausgesetzt, die sich als notwendig erweist, wenn außerwissenschaftliche Interessen aufgedeckt werden. Doch keine dieser auf Revision abzielenden Aktivitäten negiert das methodologische Prinzip der Objektivität. Im Gegenteil, sie legt Zeugnis ab von seiner fortdauernden Geltung – denn wenn Wissenschaft nicht nach Objektivität strebte, wären überhaupt keine Revisionen notwendig.

Die Objektivität der soziologischen Interpretation steht in enger Beziehung zu dem, was Max Weber als *Wertfreiheit* bezeichnet hat – ein Konzept, das ohne Unterlaß und häufig konfus erörtert worden ist. Wir wissen, daß im Alltagsleben die Interpretationen von Menschen durch deren Wertvorstellungen geprägt sind. Im Prinzip gilt dies auch für Soziologen. Sie sind schließlich Mitglieder der Gesellschaft und teilen ihre Wertvorstellungen. Gewiß, in vielen Fällen liefern diese Wertvorstellungen erst die Motive, die den Soziologen veranlassen, sich zunächst für ein bestimmtes Phänomen zu interessieren. So ist es beispielsweise ganz klar, daß viele, wenn nicht die meisten amerikanischen Soziologen, die Rassenphänomene untersucht haben, sich dazu veranlaßt gesehen haben, weil die rassischen Einstellungsmuster der amerikanischen Gesellschaft ihren Wertvorstellungen zuwiderliefen. Es ist nicht nur nicht falsch, wenn solche Motive die Arbeit von Soziologen beeinflussen, sondern es ist auch unvermeidlich. Doch das ist nicht der Punkt. Es geht vielmehr darum, daß Soziologen, sobald sie ihre wissenschaftliche Untersuchung beginnen, diese Wertvorstellungen soweit wie möglich »ausklammern« – natürlich nicht in dem

Sinne, daß sie sie aufgeben oder zu vergessen suchen, sondern vielmehr in dem Sinne, daß sie die Art und Weise kontrollieren, in der diese Wertvorstellungen unter Umständen ihren soziologischen Blick trüben. Wo dieses Ausklammern fehlt, bricht das wissenschaftliche Unternehmen in sich zusammen, und was der Soziologe dann wahrzunehmen glaubt, ist nichts als ein Spiegelbild seiner eigenen Hoffnungen und Befürchtungen, seiner Wünsche, Ressentiments oder anderer psychischer Bedürfnisse; was er dann *nicht* wahrnimmt, ist etwas, was man sinnvollerweise als soziale Realität bezeichnen kann.

Dieses Ausklammern von Wertvorstellungen läßt sich nicht durch rigorose Forschungsmethoden gewährleisten. Solche Methoden können genauso wie weniger rigorose von Wertvorstellungen beeinflußt werden – auch Ressentiments lassen sich quantifizieren! Wertfreiheit ist ein kognitiver Akt anderer Ordnung. In gewisser Weise ist es eine bestimmte Askese des Geistes, ein asketisches Ideal, das häufig schwer zu erreichen ist, vor allem natürlich in Fällen, in denen die eigenen Wertvorstellungen stark beteiligt sind. Es ist vor allem anderen eine *Leidenschaft zu sehen*, klar zu sehen, ungeachtet der eigenen Neigungen und Abneigungen. Hoffnungen oder Ängste. Das Ausklammern der eigenen Wertvorstellungen impliziert eine systematische Offenheit und Aufgeschlossenheit für die Wertvorstellungen anderer, sofern sie für die zu untersuchende Situation von Belang sind – auch wenn diese Wertvorstellungen einem selbst ganz zuwider sind: Sehen heißt nicht billigen, doch ich kann überhaupt nicht sehen, wenn ich ständig meine Mißbilligung zum Ausdruck bringe.

Nach Objektivität und Wertfreiheit streben heißt, eine entscheidend wichtige Barriere gegen wissenschaftlichen Dogmatismus errichten. Karl Popper hat dafür eine nützliche Regel vorgeschlagen, nämlich die ständige und systematische Suche nach falsifizierenden Daten, das heißt, wenn ich eine Hypothese aufstelle, dann muß ich – eben weil ich weiß, daß es bei mir Wertvorstellungen geben könnte, die für das Aufstellen dieser Hypothese relevant sein mögen – als wichtigstes nach Daten suchen, die unter Umständen meine Hypothese falsifizieren. Fassen wir diese Frage zusammen: Wir stimmen mit den Positivisten überein, daß es so etwas wie wissenschaftliche Objektivität gibt (auch wenn sie in der Praxis häufig schwierig zu erreichen ist). Wir stimmen mit den Positivisten nicht überein, wenn wir darauf bestehen, daß die Objektivität einer interpretativen Wissenschaft nicht die gleiche sein kann wie die Objektivität der Naturwissenschaften. Was die Kritiker der soziologischen Objektivität von der anderen Seite angeht, das heißt die radikalen Antipositivisten, die die Möglichkeit einer Trennung von Wertvorstellungen und wissenschaftlicher Untersuchung bestreiten (wie es heute üblich ist unter verschiedenen Leuten, die die Soziologie ideologisieren und in ein Propaganda-Instrument umwandeln möchten), was diese Kritiker angeht, so stimmen wir mit ihnen überein, daß häufig außerwissenschaftliche Interessen den Interpretationsakt stören, und auch darin, daß solche Störungen aufgedeckt werden sollten. Wir sind nicht der Meinung, daß diese Fakten das Prinzip oder die praktische Möglichkeit einer objektiven Sozialwissenschaft ausschließen. Weitere Aspekte dieser Einstellung werden wir im nächsten Kapitel aufgreifen.

Die Frage der Anwendbarkeit. Fast alles Wissen über die Gesellschaft kann jemand im Dienste dieses oder jenes pragmatischen Projekts anwenden. Das läßt sich nicht vermeiden. Doch es ist viel wichtiger, sich klarzumachen: Soziologische Interpretationen sind das Ergebnis eines höchst spezifischen kognitiven Prozesses im Rahmen der oben skizzierten Relevanzstruktur. Sobald die Inhalte dieser Interpretation auf _Handlungen_ in der Gesellschaft angewendet werden sollen, wird diese Relevanzstruktur aufgegeben. Jede Handlung setzt eine völlig andere Relevanzstruktur voraus. Unter anderem muß jetzt das Ausklammern der eigenen Wertvorstellungen rückgängig gemacht werden. Alle Anwendung ist notwendig wertgebunden. So kann ich zum Beispiel eine Abhandlung schreiben, in der ich bis ins einzelne die Formen von Rassenbeziehungen in einer bestimmten amerikanischen Gemeinde untersuche, und dabei meine eigenen rassischen Wertvorstellungen ausklammern – die, nehmen wir an, liberal und damit in Widerspruch zu verschiedenen illiberalen Einstellungen des _Status quo_ stehen. Angenommen, meine Untersuchung hat weitere Einsichten in die Situation ergeben. Es ist dann unvorstellbar, daß ich dieses Wissen auf Handlungen anwenden kann, ohne mich auf meine Wertvorstellungen zu beziehen; tatsächlich würde es wahrscheinlich so sein, daß ich dann handele, um die Verwirklichung meiner liberalen Wertvorstellungen in dieser besonderen Situation maximal zu ermöglichen. Doch daraus folgt auch, daß es keine Möglichkeit gibt, das, »was getan werden sollte«, unmittelbar aus meiner vorherigen soziologischen Interpretation abzuleiten. So habe ich vielleicht bei meiner Untersuchung herausgefunden, daß in der besagten Gemeinde ein spezifischer Einkommensunterschied zwischen vergleichbaren Gruppen von Weißen und Schwarzen besteht, und meine Wertvorstellungen lassen mich diesen Befund beklagen. Doch wenn ich nun von der Interpretation zur Aktion übergehen möchte, steht mir eine Anzahl möglicher Handlungsabläufe offen – legale Aktionen zur Durchsetzung von Gesetzen gegen die Rassendiskriminierung oder von affirmativen Handlungsanleitungen, Aktionen zur Gewerkschaftsbildung, zur Aufstellung spezieller Schulungs- und Umschulungsprogramme, zur Förderung von Geschäftsunternehmen schwarzer Bürger und vieles mehr. Meine Wahl unter diesen verschiedenen Möglichkeiten wird sowohl beeinflußt von Werterwägungen wie von Einschätzungen der praktischen Durchsetzbarkeit, und ganz natürlich wird meine Wahl *auch* beeinflußt durch verschiedene andere Elemente soziologischen Wissens. Doch ich habe nicht die Möglichkeit, mir selbst oder anderen zu sagen: »Das habe ich herausgefunden, und *daher* sollte man dies tun.«

Eine der mißbräuchlichen Anwendungen von Soziologie beruht auf der Ignorierung dieses indirekten Verhältnisses zwischen Verstehen und Handeln und damit des Wandels in der Relevanzstruktur, die notwendig mit dem Übergang vom Verstehen zum Handeln einhergeht. Als Folge dieser Konfusion werden soziologische Konzepte oder Untersuchungsergebnisse als *Legitimierungen* von Handlungsverläufen benutzt, die auf bestimmten Wertvorstellungen beruhen. Das heißt, man benutzt die Soziologie, um die Wertvoraussetzungen zu verschleiern, die dieser oder jener Handlungsrichtung zugrunde liegen. So ist es beispielsweise eine Sache festzustellen, daß eine Mehrheit sowohl Weißer wie Schwarzer gemischtrassige Ehen ablehnt, und eine ganz andere Sache, *deshalb* Gesetze zu fordern, die gemischtrassige Ehe verbieten – oder, umgekehrt, zu erklären, daß es *deshalb* Erziehungsprogramme geben müsse, die solche Ehen fördern.

In solchen Fällen treffen ein methodologischer und ein moralischer Imperativ mit jeweils bestimmten Forderungen aufeinander, an die sich Soziologen halten sollten: 1. sollte klar sein, daß soziologisches Wissen von besonderer Art ist, da es sich von einem spezifischen wissenschaftlichen Bezugsrahmen herleitet, der sich *unterscheidet* vom Bezugsrahmen des Mannes auf der Straße, des politischen Aktivisten oder sonst jemandes. (Das ist nicht bloß individuelle Angelegenheit, sondern Sache der Berufung und des Berufs des Soziologen.) 2. Soziologen können keine Empfehlungen aussprechen, es sei denn in »Wenn ... dann«-Form, die selbst ein interpretativer Prozeß ist – »Wenn du Ziel x erreichen möchtest, *dann* sind diese meine Untersuchungsergebnisse für deine Wahl zwischen möglichen Handlungen relevant.« 3. Von soziologischen Konzepten oder Befunden können nicht unmittelbar normative Folgerungen hergeleitet werden, mit anderen Worten, der Soziologe kann keine moralischen Anleitungen geben.

Es versteht sich von selbst, daß dieses Kapitel, auch wenn es etwas lang geraten ist, all die Feinheiten dessen, was zum Akt der soziologischen Interpretation gehört, nicht erschöpfend behandeln konnte. Auf einen Punkt sei zum Schluß jedoch hingewiesen: Interpretation, wie hier beschrieben, mag in verschiedenen Schulen der Soziologie anzutreffen sein, darunter auch in einigen Gruppierungen von Marxisten, Durkheim-Anhängern und Strukturfunktionalisten. Mit anderen Worten, soziologische Interpretation ist nicht im Besitz einer »Sekte«. Dennoch, und das dürfte ganz deutlich geworden sein, glauben wir, daß die auf Weber zurückgehende Tradition den angemessensten Zugang zu dem Problem bietet und daß sie auch das klarste Bewußtsein der heiklen Beziehung zwischen Verstehen und Wertvorstellungen auf der einen und Verstehen und verantwortlichem Handeln auf der anderen Seite erkennen läßt.

KAPITEL 3

Soziologische Interpretation und das Problem der Relativität

Im ersten Kapitel haben wir die Ursprünge der soziologischen Sichtweise anhand eines Schockerlebnisses erörtert – das heißt, anhand der Erfahrung, die dadurch gekennzeichnet ist, daß man plötzlich hinter den »offiziellen« Fassaden der Sozialordnung die Dynamik bis dahin nicht wahrgenommener Kräfte entdeckt. Diese Erfahrung ist und bleibt relativierend: Die Welt ist nicht, was sie zu sein scheint und vorgibt zu sein, und daher kann man all die Aussagen über die Welt nicht mehr wie im früheren Zustand der »Unschuld« ernst nehmen. Und im vorausgegangenen Kapitel haben wir die soziologische Perspektive mit dem »Kulturschock« verglichen, die der Besucher einer fremden Gesellschaft durchmacht – mit dem wichtigen Unterschied, daß die meisten Soziologen diesen Schock erleben, während sie sich in ihrer Gesellschaft aufhalten. Auch alle Formen des Kulturschocks sind *ipso facto* relativierend. Tatsächlich besteht der Schock im Grunde in der Erkenntnis, daß Wahrnehmungen und Normen, die zuvor als selbstverständlich hingenommen wurden, sich jetzt als höchst relativ im Sinne von Raum und Zeit erweisen. Mit Pascals berühmten Worten: Was auf der einen Seite der Pyrenäen Wahrheit ist, ist auf der anderen Irrtum, das heißt, unsere Auffassungen von Wahrheit und Irrtum sind abhängig von unserem Platz in Geographie und Geschichte und folglich abhängig vom Zufall der Geburt.

Also ist Relativität von Anfang an ein Forschungsgegenstand der soziologischen Disziplin gewesen. Wenn Franzosen an den Wert A glauben und Spanier an den gegensätzlichen Wert B, dann sind Soziologen immer daran interessiert, herauszufinden, in welchem Maße sich dieser Unterschied unter Berücksichtigung verschiedener Merkmale der beiden Gesellschaften erklären läßt (und, überflüssig zu sagen, das gleiche Interesse gilt auch Unterschieden innerhalb einer Gesellschaft, etwa zwischen sozialen Schichten, ethnischen Gruppen oder Regionen). Es wäre jedoch eine einseitige Auffassung, wollte man in der Soziologie schlicht eine Disziplin (eine unter anderen) sehen, die an

der Untersuchung von Relativitäten interessiert ist. Die Soziologie
selbst ist vielmehr auch ein *Produkt* der gleichen Relativität, die seit
jeher eines ihrer Untersuchungsobjekte gewesen ist. Bildlich gesagt:
Wenn wir Relativität als eine Krankheit verstehen, dann wäre die Diagnose selbst Teil und Bestandteil des pathologischen Syndroms.
Es ist nicht schwer zu erkennen, warum das so ist. Solange der Soziologe selbst den Schock der Relativität nicht erfahren hat, entzieht sich
dieses Phänomen seiner Wahrnehmung. Man könnte sich wahrscheinlich eine Situation vorstellen, auf die dies zutrifft. Ein Mensch, der sich
absolut sicher ist, was seine eigenen Wahrnehmungen und Wertvorstellungen betrifft, könnte, theoretisch, daran interessiert sein, das
empirisch feststellbare Faktum zu untersuchen, daß andere Menschen
diese Wahrnehmungen und Wertvorstellungen nicht teilen. Dieser
Mensch würde dann darangehen, Erklärungen dafür zu suchen,
warum diese anderen Menschen so blind sind, daß sie nicht sehen, was
für ihn offenkundige Wahrheiten sind, und diese Erklärungen könnten
durchaus eine soziologische Form annehmen (etwa die Form einer
Klassen-Analyse). Das Ärgerliche an dieser theoretischen Möglichkeit
besteht darin, daß solche soziologischen Erklärungen, sobald sie einmal abgegeben sind, »infektiös« sind – das heißt, es wird sehr schwierig, sich den Erklärungen zu entziehen, die andere von ihrer Position
aus abgeben. Mag dies theoretisch auch so sein, in der tatsächlichen
Geschichte der Disziplin sind Erfahrung der Relativität und Untersuchung der Relativität Hand in Hand gegangen. Es ist klar, daß diese
Verbindung für die Soziologie ein schwerwiegendes methodologisches
Problem darstellt. Noch einmal bildlich gesprochen: Es ähnelt ein
wenig dem Problem, wie man es anstellen kann, das Auto anzuschie-
ben, in dem man sitzt.
Soziologie, und es ist wichtig, sich dies klarzumachen, ist nur eine der
Äußerungen des sich verstärkenden Sinnes für Relativität in der
modernen westlichen Geschichte; sonst würde man die Soziologie
entweder zu sehr tadeln oder ihr mehr zugute halten, als gerechtfertigt
wäre. Albert Salomon hat die Wurzeln der Soziologie im Boden dieser
weitgespannten historischen Entwicklung erforscht. In anderer Weise
hat sich Arnold Gehlen mit der Beziehung zwischen soziologischer
Sichtweise und der von ihm so bezeichneten »Subjektivierung« der
modernen westlichen Kultur beschäftigt, mit dem Prozeß also, in dessen Verlauf das, was zuvor als objektive Realität angesehen worden
war, allmählich als Ergebnis subjektiver Wahl verstanden wurde. In
diesem Sinne steht in der Tat das Relativitätsproblem im Mittelpunkt

dessen, was wir als moderne westliche Kultur kennen, eine Kultur, die sich verstehen läßt als fortschreitende Desintegration einer im Christentum verkörperten Ordnung objektiver Sicherheit. Auf der Ebene intellektueller Reflexion hat ebendieses Problem die sogenannte Wende zum Subjektiven hervorgebracht, zumindest von Descartes an – eine neue und radjkale Beschäftigung mit den Strukturen menschlicher Subjektivität, hinter der genau das Motiv sich verstärkender Unsicherheit darüber steht, was man eigentlich als objektiv wirklich bezeichnen kann. Soziologie war, noch genauer, Teil der gleichen intellektuellen Welle, die im europäischen Denken des neunzehnten Jahrhunderts das Geschichtsproblem nach oben spülte. Hegel, Feuerbach, Marx, Nietzsche und Freud waren die Verkünder dieses neuen Historismus, der die alte Objektivitätsordnung zunächst aufhob und dann neu zu ordnen suchte. Es liegt offenkundig außerhalb der uns hier beschäftigenden Fragestellung, diese historische Revolution im modernen westlichen Denken weiter zu verfolgen; sie ist hier nur gestreift worden, um die Soziologie in einen größeren kulturellen und intellektuellen Zusammenhang zu stellen.

Was soeben über die Beziehung zwischen Soziologie und Relativitätsproblem gesagt worden ist, gilt für das Fach als ganzes und nicht nur für diesen oder jenen Ausschnitt. So trägt selbst der nüchterne Meinungsforscher, den nur wenige oder gar keine philosophischen Sorgen plagen, zur modernen Relativitätskrise bei, wenn er beispielsweise herausfindet, daß politische Meinungen je nach Einkommen, religiöse Glaubensvorstellungen je nach Beruf, Sexualnormen je nach Gesellschaftsschicht usw. variieren. Doch im Rahmen der Soziologie-Entwicklung hat sich das Problem der Relativität am schärfsten in der als Wissenssoziologie bekannten Subdisziplin gestellt.

Doch es kann nicht unsere Absicht sein, hier einen historischen Abriß oder eine systematische Darstellung der Wissenssoziologie zu liefern. Die Wissenssoziologie, die ihren Namen in den 20er Jahren unseres Jahrhunderts von Max Scheler erhielt, ist über Karl Mannheim in die englischsprachige Sozialwissenschaft gelangt. In der amerikanischen Soziologie, wo sie immer noch eine marginale Subdisziplin ist, hat sich die Wissenssoziologie mit verschiedenen anderen intellektuellen Strömungen verbunden, so mit der Sozialpsychologie in der Tradition von George Herbert Mead, mit der Phänomenologie und in jüngerer Zeit mit dem Neo-Marxismus. Ohne übertriebene Simplifizierung kann man sagen, daß die Wissenssoziologie eine enorme Ausarbeitung der Einsicht Pascals in die soziale Relativität der menschlichen Wahrheitsbegriffe ist. Anders gesagt, die Wissenssoziologie versteht und untersucht den *konstruierten* Charakter dessen, was Menschen mit »Realität« meinen.

Ein nützliches Konzept bei diesem Unterfangen stellt das der *Plausibilitätsstruktur* dar. Verschiedene Menschen finden verschiedene Realitätsdefinitionen plausibel. So hat es, sagen wir im achtzehnten Jahrhundert (mehr als zu Pascals Zeiten), ein spanischer Ehemann plausibel gefunden, die Untreue seiner Frau als Verunglimpfung seiner Ehre zu definieren, die nur mit Blut gerächt werden konnte, wogegen ein französischer Ehemann es für plausibler empfunden haben mag, das Verhalten seiner Frau mit Toleranz, wenn nicht freundlicher Gelassenheit hinzunehmen. Diese unterschiedlichen Normen waren jedoch ohne Frage nicht das Ergebnis individueller ethischer Erwägungen auf seiten der einzelnen Ehemänner. Vielmehr waren die unterschiedlichen Normen in spezifischen sozialen Kontexten verankert – und nur innerhalb dieser Kontexte blieben die Normen plausibel. Der soziale Kontext für ein System von Normen oder vermeintlichen »Wissens«-Gütern stellt deren Plausibilitätsstruktur dar. Solange im Leben eines Individuums eine spezifische Plausibilitätsstruktur vorherrscht, werden ihm die entsprechenden Realitätsdefinitionen plausibel sein. Wenn sich jedoch die Plausibilitätsstruktur ändert, kann man vorhersagen, daß sich auch die subjektive Plausibilität ändert. So wird der spanische Ehemann, der nach Frankreich auswandert, wahrscheinlich weniger blutrünstig in der Verteidigung seiner vermeintlichen Ehre werden, während der französische Ehemann, der nach Spanien übersiedelt, dort mit ziemlicher Wahrscheinlichkeit einen Ehrenkodex entwickeln wird, an den er vorher nicht einmal im Traum gedacht hat. Die Folgerungen dieses soziologischen Plausibilitätskonzepts sind sehr weitreichend, doch an dem Konzept selbst ist nichts Geheimnisvolles. Es ist unzweifelhaft in der fundamentalen Verfassung der Menschen verankert, in der unauslöschlichen Sozialität des *homo sapiens*. Mehr noch, die Plausibilitätsstrukturen jeder bestimmten Gruppe von Realitätsdefinitionen – seien es Normen oder Wertvorstellungen oder auch normativ neutrale Auffassungen vom Wesen der Welt – sind empirischer Forschung in hohem Maße zugänglich, und dies mit denselben Methoden, die der Soziologe benutzt, um irgendeinen anderen Aspekt der Sozialordnung zu untersuchen. So ist es nicht schwieriger, den spanischen Kodex der Familienehre zu untersuchen – und zu interpretieren – als irgendeinen anderen Aspekt der spanischen Gesellschaft.

Das Problem taucht erst auf, wenn man nach der Beziehung von *Plausibilität* und *Validität* fragt. Der Soziologe kann die Plausibilität einer bestimmten Realitätsdefinition objektiv beschreiben und erklären. Doch in dem Maße, in dem diese Realitätsdefinition die empirisch zugängliche Sozialwelt betrifft, ist der Soziologe auch genötigt, die Frage zu stellen, ob sie gültig ist. Das ist besonders der Fall bei kognitiven Realitätsdefinitionen, die sich von normativen unterscheiden. Es sollte nunmehr klar sein, daß der Soziologe *qua* Soziologe nicht in der Lage ist, gleichsam als Schiedsrichter zwischen spanischen und französischen Wertvorstellungen über die Familie zu entscheiden. Doch Spanier und Franzosen definieren, was sozial *ist,* wie auch was ihrer Meinung nach *sein sollte.* Und hätte ein Spanier im achtzehnten Jahrhundert zum Beispiel erklärt, daß Spanien das wirtschaftlich fortgeschrittenste Land Europas war, weil es das meiste Gold besaß, dann hätte der Soziologe (nach kurzer Konsultation eines Ökonomen) feststellen können, daß diese Auffassung falsch war. Das heißt, obwohl der Spanier seine Auffassung *plausibel* fand (eine Tatsache, die sich durch Analyse seiner Plausibilitätsstruktur erklären läßt), könnte diese Auffassung auch mit Hilfe objektiver Methoden der sozialwissenschaftlichen Analyse für *ungültig* erklärt werden. Doch wie kann der Soziologe eine solche Feststellung wagen? Kann die Wissenssoziologie nicht auch gegen ihn gewendet werden? Schließlich hängen auch soziologische Auffassungen von einer spezifischen Plausibilitätsstruktur ab, nämlich der eines sozialen Kontextes, in dem die Wissenssoziologie akzeptiert wird. Entführte man den Soziologen und sperrte ihn in ein spanisches Kloster, dann bestünde die große Wahrscheinlichkeit, daß ihm bald seine früheren soziologischen Auffassungen unplausibel erscheinen werden. Einfach gefragt, *wenn der Soziologe ebenfalls in einer Welt von Relativitäten lebt, ist er gegen die kognitiven Konsequenzen dieser Tatsache irgendwie immun?* Die Antwort muß lauten: *Natürlich nicht!* Dies ist jedoch der Anfang und nicht das Ende des methodologischen Problems.

Der Kern des Problems ist leicht benannt: Wie ist es möglich, die im vorausgegangenen Kapitel dargestellte methodologische Position mit den Einsichten der Wissenssoziologie zu versöhnen? Noch genauer: *Wenn Wissenschaft, wie alle anderen kognitiven Systeme auch, sozial konstruiert ist, wie kann man dann für sie Objektivität in Anspruch nehmen?* Wenn die Frage so gestellt wird, dann ist die Antwort bereits in der Erörterung über Objektivität im vorausgegangenen Kapitel impliziert. Natürlich ist Wissenschaft eine soziale Konstruktion. Tatsächlich kann der Charakter dieser Konstruktion im Prinzip mit den Mitteln der Wissenssoziologie analysiert und erklärt werden. Wir haben dies bereits, wenngleich nur kurz, getan, als wir die Ursprünge der Soziologie als einer intellektuellen Disziplin erörtert haben. Es kann, um die Worte von Robert Friedrichs zu benutzen, »eine Soziologie der Soziologie« geben – vielleicht so etwas wie das anregende Beispiel eines Arztes, der seine eigene Krankheit diagnostiziert. Doch die Antwort ist noch grundlegender: *Die Möglichkeit wissenschaftlicher Objektivität liegt begründet in der Multiplizität von Relevanzstrukturen im Bewußtsein.* Jede dieser Relevanzstrukturen hat ihre besonderen Merkmale, die sich aufdrängen oder sich einordnen, sobald man sich im Geist in sie »hineinbegibt«. Wissenschaft ist eine bestimmte Relevanzstruktur mit bestimmten Merkmalen – und eine von ihnen ist Objektivität, wie sie weiter oben beschrieben ist! Den besonderen Charakter der wissenschaftlichen Relevanzstruktur leugnen heißt auch Leugnung einer möglichen Verbindung zwischen Relevanzstrukturen und impliziert umgekehrt die Behauptung, daß Bewußtsein stets »aus einem ganzen Stück« ist – das heißt, daß *alle* Relevanzstrukturen und Interessen zu aller Zeit und an allen Orten im Geist gleichzeitig anwesend sind. Sowohl Leugnung wie Behauptung stehen jedoch in flagrantem Widerspruch zu den empirischen Anhaltspunkten.

Zum Beispiel: Ich bin Franzose, der gerade zu seinem ersten Besuch in Madrid eingetroffen ist. Zusammen mit einer großen Zahl Passagiere verlasse ich das Flughafengebäude und besteige ein Taxi. Wohin begebe ich mich? (Oder vielleicht genauer, welches Ziel wähle ich, nachdem ich mich im Hotel eingetragen und mich zum ersten Ausgang in die Stadt fertiggemacht habe?) Die Antwort hängt ganz offensichtlich von der Relevanzstruktur ab, die als Motiv hinter meiner Reise steht und die meine Aktivitäten während des Aufenthalts in Madrid organisiert. Ich suche vielleicht systematisch alle bekannteren Touristenattraktionen auf oder stürze mich in das Prado-Museum und verbringe mehrere Tage damit, mir ausschließlich Bilder von Velásquez anzuschauen. Ich kann auch Leute besuchen, um mich mit ihnen über die Situation der katholischen Kirche in Spanien zu unterhalten – oder vielleicht unterhalte ich mich auch mit Menschen, die mir zufällig begegnen, einfach um meine Spanisch-Kenntnisse anzuwenden. Unter Umständen verbringe ich auch meine ganze Zeit in Diskotheken – oder in Bars für Schwule. Ich kann auch überhaupt keinen Schritt aus dem Hotel tun, wo ich an der internationalen Tagung von Briefmarkensammlern teilnehme (in diesem Fall ist mir der Tagungsort Madrid völlig gleichgültig – die Tagung hätte auch in Indianapolis oder Frankfurt stattfinden können). Andererseits könnte ich auch meine ganze Zeit in Madrid darauf verwenden, Unterricht bei einem berühmten Gitarrenkünstler zu nehmen, oder auch auf Geschäftsverhandlungen mit jemandem, der aus Saudi-Arabien eingeflogen ist, oder ich könnte mich auch bemühen, Kontakt zur baskischen Untergrundbewegung zu finden (vielleicht bin ich ein Sprengstoffexperte). Und dann könnte ich natürlich auch (aber vergessen Sie am besten dieses Beispiel!) soziologische Forschungsarbeit in Madrid betreiben – mein Aufenthalt dort ist zufällig Teil eines internationalen Forschungsprojekts über, sagen wir, die Arbeitszeit von Hausfrauen. Beachten Sie: Wenn ich mich innerhalb einer Relevanzstruktur bewege, halte ich aus meinem Geist all die anderen theoretisch möglichen fern. Ich betrachte Bilder von Velásquez und *nicht* von Goya; ich suche Informationen über die Religion und *nicht* über die wirtschaftliche Entwicklung usw. Aber es ist durchaus möglich, daß ich im Verlauf irgendeines dieser Projekte die Relevanzstruktur wechsele. Ich gerate im Prado in den falschen Raum und lasse mich von Goya so faszinieren, daß ich Velásquez vergesse; oder ich verliebe mich in die Nonne, die mit mir über die Situation der Kirche spricht; oder ich entdecke (zum erstenmal in meinem Leben) die Freuden des Briefmarkensammelns, gebe mein ursprüngliches Projekt auf und bleibe in meinem Hotel, um an der Tagung teilzunehmen.

Jeder Akt der Aufmerksamkeit impliziert einen entsprechenden Akt der Unaufmerksamkeit. Wissenschaftliche Aufmerksamkeit ist dafür nur ein Beispiel. Wenn ich ein Phänomen wissenschaftlich beachte und betrachte, klammere ich alle anderen möglichen Formen der Aufmerksamkeit aus, wie etwa wirtschaftliches Selbstinteresse, erotische Erregung, moralische Leidenschaft usw. In dieser Ausbalancierung von Aufmerksamkeit und Unaufmerksamkeit unterscheidet sich Wissenschaft nicht von anderen geistigen Aktivitäten; sie unterscheidet sich nur im systematischen Charakter der Aufmerksamkeit wie der Unaufmerksamkeit und natürlich in der Besonderheit, auf die man achtet und *nicht* achtet. Wenn man sagt, daß diese wissenschaftliche Relevanzstruktur nicht hermetisch gegen alle anderen Relevanzstrukturen abgedichtet ist, so bedeutet das nicht, das Prinzip der Objektivität in Abrede zu stellen, sondern ist lediglich eine allgemeine Beschreibung der Art und Weise, wie der menschliche Geist arbeitet.

Im modernen westlichen Denken hat es verschiedene Formen radika-

len Relativismus gegeben, die allesamt das Prinzip der Objektivität
nicht nur empirisch (»Wissenschaftler sind selten, wenn überhaupt
objektiv«), sondern auch theoretisch (»So etwas wie wissenschaftliche
Objektivität gibt es nicht«) verwerfen. Alle Varianten des theoretischen Relativismus leiden unter dem logischen Fehler des Zirkel-
schlusses: Wenn alle Aussagen über die Welt sozial determiniert und
folglich nicht objektiv sind, welches ist dann der kognitive Status der
eigenen Aussagen? *Einschließlich* der Aussage über die soziale Determinierung alles Wissens? Man hat verschiedene Auswege aus diesem
logischen Dilemma vorgeschlagen. Allen gemeinsam ist die Annahme
einer bestimmten sozialen Position, die einen immun, oder wenigstens
weniger empfindlich, gegen die Verheerungen der Relativität machen
soll. Der paradigmatische Ausweg ist der von Hegel vorgeschlagene:
Den Menschen, die Verkörperungen des Zeitgeistes darstellen, kommt
ein höherer kognitiver Status zu. Marxisten aller Couleur haben diesen
privilegierten Status dem Proletariat oder (wenn sich das Proletariat
nur schwer auffinden ließ – oder, schlimmer noch, sich weigerte, ein
marxistisches Bewußtsein zu übernehmen) dieser oder jener selbstde-
finierten »Avantgarde des Proletariats« zugeschrieben. *Mutatis
mutandis* lassen sich andere soziale Kollektive als erkenntnistheoreti-
sche Eliten identifizieren – Frauen, Schwarze, Bewohner der Dritten
Welt oder auch, umgekehrt, Männer, Weiße oder im Lande geborene
Deutsche. Und die gleiche kognitive Krone kann man auch anderen
Gruppen überreichen, sofern der Relativismus psychologischer und
nicht soziologischer Natur ist: Nur wer sich einer Psychoanalyse
unterzogen hat, nimmt die Welt richtig wahr, alle anderen sind in
»Rationalisierungen« gefangen.

Wie Karl Mannheim und andere gezeigt haben, muß diese »Eindäm-
mung« der Relativität scheitern. Dieselben Analysemethoden, mit
denen die Relativität der Glaubensvorstellungen anderer aufgedeckt
wird, lassen immer auch die Relativität der eigenen Glaubensvorstellungen erkennen – sofern diese Methoden konsequent angewendet
werden. Die hier vertretene methodologische Position läßt jedoch
noch einen weiteren Grund für das genannte Scheitern erkennen. In
vielen oben erwähnten Formen des radikalen Relativismus steckt eine
Art verborgener Positivismus, das heißt die Erwartung, daß man,
wenn man nur den richtigen Standpunkt hätte, damit auch unmittelbaren Zugang zu Fakten und Gesetzen hätte (wie den »Gesetzen der
Geschichte« oder den »Gesetzen der Psyche«). Wie wir zu zeigen
versucht haben, ist ein solcher direkter Zugang niemals möglich,

gleichgültig, welchen Standpunkt man einnimmt. Mit anderen Worten, es gibt keinen Zaubertrick, mit dessen Hilfe man den Akt der Interpretation umgehen kann.

Karl Mannheim fand seine eigene Ausflucht in der Theorie der Intelligenz. Er nahm an, es gäbe eine Gruppe »frei schwebender« Intellektueller, die so frei wären von berechtigten Klasseninteressen, daß sie in der Lage wären, zu einem zwar nicht objektiven, aber zumindest *objektiveren* Gesellschaftsbild zu gelangen. Mannheims Theorie der Intelligenz ist ziemlich stark demoliert worden. Mit eben den Mitteln der Wissenssoziologie kann man zeigen, daß die Intellektuellen, weit davon entfernt, »frei schwebend« zu sein, ein Kollektiv (mancher würde sogar Klasse sagen) mit sehr spezifischen Interessen bilden – und wie bei anderen Menschen färben diese Interessen ihre Wahrnehmung der Gesellschaft. Doch Mannheim hatte nicht ganz unrecht. Wie wir gezeigt haben, setzt der Akt der Interpretation, wenn er von Sozialwissenschaftlern unternommen wird, eine Gemeinschaft voraus, die sich im Bewußtsein des einzelnen internalisiert hat. Dies ist die Gemeinschaft all der anderen Sozialwissenschaftler oder aller lebenden wie verstorbenen Soziologen, und diese Gemeinschaft dient als ein sehr wichtiger Bezugspunkt (oder »Bezugsgruppe«) in den Gedanken und Vorstellungen des Sozialwissenschaftlers. Charles Peirce hat sie die Gemeinschaft der Forscher genannt; man kann in diesem Zusammenhang auch einen viel älteren Begriff verwenden, nämlich die »Gelehrtenrepublik«. Und dieser Begriff wiederum legt ein nützliches Bild nahe. Wenn jemand Sozialwissenschaftler wird, bekommt er die Staatsbürgerschaft in dieser besonderen Republik. Doch mit Ausnahme von sehr seltenen Fällen (von wissenschaftlichen Einsiedlern sozusagen) verzichtet er damit nicht auf seine gewöhnliche Staatsbürgerschaft in einer Gesellschaft und verschiedenen gesellschaftlichen Gruppierungen. Sozialwissenschaftler sein heißt folglich, diesen besonderen Status einer *doppelten Staatsbürgerschaft* zu genießen (oder, wenn man will, darunter zu leiden). Und wie einige Nationalstaaten ihren Bürgern diesen Status absprechen, so sprechen einige menschliche Gemeinschaften dem Wissenschaftler als einem Bürger der Gelehrtenrepublik alle Rechte ab – zum Beispiel die revolutionäre Bewegung, die von dem Soziologen verlangt, daß er niemals, nicht einmal für einen Augenblick, aus der Relevanzstruktur ihrer politischen Ideologie heraustritt. Einfach gesagt, so wie doppelte Staatsbürgerschaft für Nationalisten unannehmbar ist, so ist objektive Wissenschaft für Ideologen unerträglich.

Der Interpretationsakt erfordert notwendigerweise eine spezifische
Distanz. Dazu gehört, daß der Interpret seinen eigenen Standpunkt
ausklammert. Sowohl die Methodologie als auch die Institutionalisierung einer Wissenschaft wie der Soziologie sind dazu bestimmt, dieses
Ausklammern zu ermöglichen – empirisch gesprochen, ihm eine reelle
Chance zu geben. Dieser Prozeß der Distanzierung oder Ausklammerung hat eine gewisse asketische Qualität. Doch es ist klar, daß der
Soziologe weiterhin ein Mitglied der Gesellschaft bleibt, mit all den
relativierenden Implikationen, die damit verbunden sind. Objektivität,
wie sie hier verstanden wird, ist auch eine Qualität des interpretativen
Prozesses selbst, das heißt *nicht* eine Qualität (wie die Positivisten es
gern hätten) der »Fakten dort draußen«.
Ganz allgemein gesprochen, beschäftigt sich die Wissenssoziologie mit
der Beziehung zwischen Bewußtseinsstrukturen und institutionellen
Strukturen. Als solche ist sie ein Aspekt des Gesamtunternehmens der
interpretativen Soziologie. Dieser Aspekt ist immer vorhanden, denn
jede soziale Wirklichkeit enthält sowohl Bewußtsein wie Institutionen. Doch nicht jede soziologische Interpretation können wir mit den
Mitteln der Wissenssoziologie leisten. Der fundamentale Grund dafür
liegt darin, daß soziale Handlungen unbeabsichtigte Folgen haben, die
nicht im Bewußtsein der Handelnden liegen und die eine institutionelle Dynamik mit einem hohen Maß an Autonomie erzeugen (diese
letztgenannte Tatsache ist, nebenbei, der Kern dessen, was Marx als
Entfremdung bezeichnete – ein gültiges, doch unnötigerweise pejora-
tives Konzept). So ist zum Beispiel nicht möglich, sozialen Wandel zu
analysieren und dabei *nur* das begriffliche Instrumentarium der Wissenssoziologie zu benutzen. Die häufig autonome Dynamik wirt-
schaftlicher Institutionen muß, zum Beispiel, im Sinne ebendieser
Dynamik analysiert werden – das heißt, allgemein gesprochen, im Sinn
der Perspektive der Wirtschaft – und nicht nur im Sinne der Interaktion zwischen ökonomischen Institutionen und verschiedenen
Bewußtseinsinhalten.
Die Wissenssoziologie konfrontiert uns vielleicht mehr als andere
Aspekte der Soziologie mit philosophischen Fragen, von denen einige
soeben gestreift worden sind. Doch die Wissenssoziologie ist selbst
keine Philosophie, sondern vielmehr Teil der Soziologie als einer
empirische Disziplin. Sie fällt daher unter die im vorangegangenen
Kapitel erörterten allgemeinen methodologischen Regeln, *einschließlich* der Regeln der Objektivität. Nehmen wir, zum Beispiel, das Konzept der Ideologie. Es hat eine lange Geschichte, die hier nicht im

einzelnen behandelt werden kann, doch für unseren Zweck genügt es zu erklären, daß eine Ideologie ein Ensemble von Definitionen der Wirklichkeit ist, mit denen spezifische Interessen in der Gesellschaft legitimiert werden. Eine wissenssoziologische Aussage wäre folglich: »Glaubenssystem X ist eine Ideologie, insofern sie die rechtmäßigen Interessen der Gruppe Y erklärt und rechtfertigt.« Eine solche Aussage ist, vorausgesetzt, sie beruht auf empirischen Anhaltspunkten, eine objektive und »wertfreie« Feststellung, und zwar trotz der Tatsache, daß die Aussage die Frage ausklammert, ob das Glaubenssystem letztlich gültig ist oder nicht.

Ein Beispiel: Eine bestimmte Gruppe – sagen wir, von Universitätsprofessoren – hält sich hinsichtlich des Einkommens für benachteiligt. Das heißt, Universitätsprofessoren glauben, sie seien unterbezahlt. Solch eine Auffassung beruht typischerweise nicht nur auf einem *idealen* Einkommen (so glaube ich, als Universitätsprofessor, daß ein Jahreseinkommen von einer Million Mark, verbunden mit liberalen Sozialleistungen, eine vernünftige Vergütung für die Dienste wäre, die ich für das allgemeine Wohl leiste), sondern sie beruht auch auf irgendeiner Art von *Vergleich* mit anderen Gruppen. So glaube ich, daß ich als Universitätsprofessor unterbezahlt bin, weil mein Einkommen geringer ist als etwa das von Geschäftsführern, Elektrikern oder Regierungsbeamten. Wenn meine Gruppe sich organisiert, um ihre kollektiven Interessen zu verteidigen und zu fördern, wird dieser Vergleich mit ziemlicher Sicherheit zur öffentlichen Rhetorik der Gruppe gehören. »Ist es gerecht«, fragt der Vertreter unserer Gewerkschaft bei Verhandlungen mit der Universität über Gehaltserhöhungen, »daß ordentliche Professoren an dieser Institution ein durchschnittliches Jahreseinkommen beziehen, das nur halb soviel beträgt wie das eines leitenden Angestellten des Industriebetriebes XY?« (nehmen wir an, einer jener leitenden Angestellten ist Mitglied des Treuhänderausschusses, der an den Verhandlungen teilnimmt). Lassen wir für einen Augenblick die Frage beiseite, wie Gerechtigkeit als Norm festzulegen ist; in der rhetorischen Frage unseres Gewerkschaftsvertreters schwingt nicht so sehr eine normative als vielmehr eine faktische Feststellung mit: Das durchschnittliche Jahreseinkommen dieser Professoren ist halb so hoch wie das dieser Angestellten. Nun wird es nicht schwierig sein zu argumentieren, daß diese bestimmte einkommenspolitische Aussage eine ideologische Funktion hat. Sie rechtfertigt das Gefühl des Unmuts bei den Professoren und ihr Bemühen um Verbesserung ihrer wirtschaftlichen Lage, und in der Tat ist es jetzt eine

Waffe bei einer Gelegenheit solchen Bemühens. Wenn der Interpret
dieser Situation größere Interessen im Auge hat, kann er dieses
bestimmte ideologische Element (eine Auffassung über bestimmte
ökonomische Fakten) in einen viel weiteren ideologischen Bezugsrahmen stellen – in den Rahmen der Glaubensvorstellungen und Weltan-
schauungen der amerikanischen Professorenschaft als einer sozialen
Schicht. Ganz sicher wird diese umfassendere ideologische Analyse
auf andere Elemente stoßen, die sich nicht ohne weiteres auf materielle
Bestrebungen zurückführen lassen. Ganz gleich, hier ist ein spezifischer Glaube, der eine spezifische ideologische Funktion hat. Der
Interpret kann diese Feststellung *unabhängig* davon treffen, ob der
Einkommensunterschied empirisch valide ist oder nicht. Das heißt,
eine ökonomische Analyse kann die Auffassung stützen oder nicht,
doch in *jedem* Fall kann man die Aussage über ihren ideologischen
Charakter aufrechterhalten.

Wenn man eine Realitätsdefinition als ideologisch interpretieren will,
erfordert dies, wie alle Interpretationen, ein Bemühen um Distanz.
Und es erübrigt sich, näher zu erläutern, daß dieses Distanzieren
schwieriger ist, wenn ich existentiell an die Situation gebunden bin –:
Ich bin selbst Professor, ja sogar Professor für Wirtschaftswissen-
schaften, und ich hoffe inständig, daß meine ökonomische Forschungsarbeit meine öffentliche Erklärung, ich sei unterbezahlt, absi-
chert und meine Position nicht schwächt. Doch solches Distanzieren
ist selbst im Kampfgetümmel keineswegs unmöglich. Man kann sogar
argumentieren, die Distanzierung sei inmitten des Kampfgetümmels
besonders wichtig. Militärischer Erfolg falle denen zu, die das Gelände
kennen und daher den wirksamsten Gebrauch davon machen können.
Wenn ich, in diesem Falle, mit Hilfe von Gewerkschaftsverhandlun-
gen die ökonomische Position meiner Gruppe verbessern will, dann ist
es am günstigsten, wenn ich die allgemeinen wirtschaftlichen Bedingungen des Landes kenne, und zwar so objektiv wie möglich. Im Ver-
folg meiner politischen Strategie kann es durchaus sein, daß ich an
bestimmten Kenntnissen, die ich in öffentlichen Erklärungen vorgebracht habe, festhalte. Doch ich kann mich auch entschließen zu lügen.
Das wirft ethische Fragen auf, doch keine methodologischen.

Das hier vorgeschlagene Konzept von Objektivität geht davon aus,
daß der Soziologe Aussagen über die empirische Gültigkeit oder
Ungültigkeit der Auffassungen von Leuten über die soziale Welt
machen kann. Wenn dem so ist, kann der Soziologe dann auch erklä-

ren, manche Menschen hätten ein »falsches Bewußtsein«? Nicht, wenn diese Formulierung irgend etwas über die Angemessenheit der diesen Menschen zugänglichen empirischen Informationen hinaus implizieren soll. Kehren wir jedoch zu dem Beispiel zurück: Da ist eine Gruppe, die sich aufgrund von einem spezifischen Einkommensunterschied für benachteiligt hält. Das heißt, die genannten Professoren glauben, sie seien Opfer der Gesellschaft, weil sie unterbezahlt seien. Haben wir irgendein wissenschaftliches Verfahren, durch das dieser Glaube unter die Kategorie des »falschen Bewußtseins« subsumiert werden könnte? Der Soziologe (in diesem Fall sei angenommen, daß er Daten benutzt, die von Wirtschaftlern gesammelt wurden) kann Daten über die Einkommensverteilung unter verschiedenen Berufsgruppen liefern. Diese Daten könnten in der Tat zeigen, daß bestimmte kognitive Annahmen dieser viktimologischen Selbst-Definition empirisch nicht stichhaltig sind. Der Soziologe kann hinsichtlich der Bedeutung der Einkommensverteilung auch andere Interpretationen anbieten, die vorhanden und in der Gesellschaft möglich sind. Danach denken die Professoren, sie seien unterbezahlt, weil sie dem, was sie tun, große Bedeutung beimessen, während die Treuhänder der Auffassung sind, die Professoren seien überbezahlt, weil akademische Tätigkeit, verglichen mit geschäftlicher, von geringem praktischen Nutzen sei, oder weil Professoren für faule Nichtnutze oder rot angehauchte saft- und kraftlose Typen gehalten werden, oder weil das Niedrighalten der akademischen Gehälter Teil des Kampfes gegen die Inflation sei. Der Soziologe hat keine Möglichkeit, zwischen diesen verschiedenen Interpretationen der Situation eine endgültige Entscheidung zu treffen; methodologisch muß er sich auf seine Interpretationen »zweiter Ordnung« beschränken. So gibt es kein vorstellbares soziologisches oder anderes wissenschaftliches Verfahren, das auf die Schlußfolgerung hinausliefe, daß Professoren Opfer sind oder nicht, unterbezahlt sind oder nicht – mithin auch kein Verfahren, durch das sich entweder von den Professoren oder von den Treuhändern sagen ließe, sie hätten ein »falsches Bewußtsein«.

Das heißt natürlich überhaupt nicht, bestreiten zu wollen, daß man sich fragen kann, wer letztlich »recht« oder »unrecht« hat, oder sogar, welches letztlich die »Wahrheit« dieser Angelegenheit ist. Doch solche Fragen lassen sich nur auf der Grundlage von Werteinstellungen beantworten, philosophischen oder ethischen Positionen, die sich der soziologischen Forschung entziehen – so etwa die Auffassung vom kulturellen Wert ökonomisch unpraktischer Berufe oder die Forde-

rung nach Gerechtigkeit bei der Einkommensverteilung im allgemeinen. Es gibt keine Möglichkeit für den Soziologen, *qua* Soziologe zu
erklären, die Tätigkeit eines Professors für klassische Philologie habe
größeren Wert als die eines Schuhherstellers, oder eine bestimmte Einkommensverteilung verletzte die Forderung nach sozialer Gerechtigkeit oder nicht. Das sind normative Fragen, für die sich die Soziologie
stets als völlig inkompetent erklären muß. Doch selbst auf kognitivem
Niveau (das heißt, wenn es um Fragen geht, was ist und was sein sollte)
ist es wichtig, immer wieder darauf hinzuweisen, daß der Soziologe
nicht die »Realität« interpretiert, sondern vielmehr verschiedene Interpretationen der »Realität« (oder »Realitätsdefinitionen«) interpretiert.
»Falsches Bewußtsein« impliziert als Konzept »richtiges Bewußtsein«,
was wiederum einen unmittelbaren Zugang zur »Realität« impliziert,
und damit kann der Soziologe nicht dienen.

Das oben Gesagte schließt keinesfalls den sozusagen pädagogischen
Einsatz der Soziologie aus. Der Soziologe kann, sei es als Lehrer oder
in irgendeiner anderen kommunikativen Rolle, den Leuten dabei helfen, andere Gesichtspunkte zu verstehen und einen umfassenderen
Eindruck der sozialen Welt zu gewinnen. Dieses Ausweiten der Perspektive von Menschen ist, darüber sollten wir uns einig sein, zivili-
sierend, ja sogar humanisierend. So ist es auch richtig, daß die Soziologie in Bildungsprogrammen der philosophischen Fakultät ihren
Platz hat. Doch da der Soziologe ein Spektrum von Bedeutungen und
Werten anbietet, kann er den Leuten nicht sagen, ob sie diese Bedeutungen und Werte als ihre eigenen übernehmen sollten oder nicht.
Oder vielmehr, wenn er es doch tut, dann hört er auf, Wissenschaftler
zu sein, und wird etwas anderes – Fürsprecher, Prophet oder sogar
»Erzieher«. In diesen Rollen bewegt er sich in einer anderen Relevanzstruktur, und er täuscht die Öffentlichkeit, wenn er behauptet, diese
Relevanzstruktur sei dieselbe wie die Relevanzstruktur der Soziologie.

Doch im Bezugsrahmen der Soziologie, so genau ihre Grenzen auch
verlaufen, finden sich Möglichkeiten, die Relativität der sozialen Welt
zu transzendieren (wenngleich die Transzendenz stets *ad hoc* oder *pro
tem* ist). Soziologie ist kein magischer Fluchtweg aus der Geschicht-
lichkeit sozialer Formen, in denen sich Bedeutungen verkörpern, und
sie kann es auch gar nicht sein. Der Soziologe kann, wie jedermann
sonst, den Relativitäten seines Platzes in Zeit und Raum nicht entkom-
men. Doch Teil und Bestandteil des soziologischen Unternehmens ist
der *Vergleich*. Wenn der Soziologe verschiedene Gesellschaften und

deren unterschiedliche Bedeutungssysteme vergleicht, geht er *ipso facto* von der Annahme aus, daß es eine Ebene gibt, auf der solche Vergleiche möglich sind, und diese Annahme ist Teil seiner Relevanzstruktur in der Zeit, in der er Soziologie betreibt. Damit ist eine weitere Implikation verbunden, nämlich daß *alle* menschlichen Gesellschaften und Bedeutungssysteme etwas gemeinsam haben. Diese Implikation stellt eine Transzendenz des radikalen Relativismus dar, der, wenn er angenommen würde, es unmöglich machte, irgend etwas mit irgend etwas anderem zu vergleichen.

Anders gesagt, man kann nicht Äpfel und Orangen miteinander vergleichen, ausgenommen nur insoweit, als beide als Fruchtarten angesehen werden. Im Falle der Soziologie ist die Ebene, auf der Vergleiche möglich sind, die der Universalitäten der menschlichen Lebenswelt und ihrer Handlungskonfigurationen – oder, wenn man will, die Ebene der menschlichen Conditio. Sobald man diese Formulierung benutzt, setzt man eine gewisse Transzendenz der Relativität voraus, das heißt, man impliziert eine menschliche Gemeinsamkeit, die trotz der verwirrenden Vielfalt sozialer Konstruktionen immer wieder auftaucht. An diesem Punkt geht Soziologie in philosophische Anthropologie und phänomenologische Analyse der Lebenswelt über. Doch es sollte betont werden, daß diese Ebene der *conditio humana* sehr abstrakt ist. Sie transzendiert Zeit und Raum und bringt *daher* die historisch konkreten Bedeutungssysteme in ihrer Relativität nicht zum Ausdruck. Sie transzendiert diese Relativität, doch sie räumt den Bedeutungssystemen auch ihren Platz in der konkreten menschlichen Erfahrung ein.

Es hätte wenig Sinn, diese Erörterung mit dem Versuch zu belasten, die Grenzen zwischen soziologischer Theorie und dieser Art philosophischer Erkundung scharf herauszuarbeiten. In der Praxis sind diese Grenzen ohne Zweifel ein wenig fließend. Es ist wichtig, sich klarzumachen, daß die Soziologie, wenn sie an die großen philosophischen Fragen wie die menschliche Conditio (die Kantsche Frage: »Was ist der Mensch?«) stößt, diese Fragen aus sich heraus nicht verhandeln kann. Sie ist und bleibt eine empirische Wissenschaft, die daher in historische Konkretheit und deren Relativitäten verfangen ist. Die Soziologie kann das Relativitätsproblem nicht dadurch lösen, daß sie sich als Schiedsrichterin zwischen widerstreitenden Bedeutungssystemen im Sinne ihrer letzten Wahrheit aufschwingt. Sofern eine solche Entscheidung überhaupt möglich ist, muß man diese Aufgabe der Philosophie, der Ethik oder der Theologie überlassen.

Diese Überlegungen führen uns zu dem oben erläuterten Punkt zurück, zu der Nüchternheit und Bescheidenheit des soziologischen Unternehmens. Die Nützlichkeit der Soziologie für die Gesellschaft als ganzer (im Gegensatz zu ihrer Nützlichkeit für die Soziologen selbst) liegt genau in diesen Merkmalen. Insofern Nüchternheit und Bescheidenheit als moralische Eigenschaften angesehen werden können, besteht hier eine gewisse Affinität zwischen Methodologie und Moralität. Es gibt einen weiteren moralischen – oder zumindest protomoralischen – Aspekt der Soziologie. Sie fördert die Aufmerksamkeit und folglich zumindest einen potentiellen Respekt für die immense Vielfalt menschlicher Bedeutungen. Der soziologische Akt des Zuhörens erfordert zumindest den Anschein von Respekt. Es geschieht häufig, daß der Anschein Realität wird. Das heißt, man beginnt aufmerksam zuzuhören, einfach weil dies eines der Erfordernisse von Forschung ist, und nachdem man eine Zeitlang zugehört hat, spürt man tatsächlich den Respekt, den man zunächst als Forschungsgehabe bekundet hat. Wenn der Soziologe sich von der Vielfalt menschlicher Bedeutungen beeindrucken läßt, wird er auch durch ihre Unsicherheit, ihre Unstabilität beeindruckt. Gerade weil alle menschlichen Welten »Konstruktionen« sind, sind sie fragil, bedingt und letztlich dazu verurteilt, hinweggefegt zu werden. Der Historiker hat seit langem ein ganz ähnliches Gespür für die Größe und die Tragik aller menschlichen Taten, doch die Soziologie verleiht dieser Erkenntnis noch ihr eigenes Gewicht. Am Ende kann man jede Gesellschaft als ein unsicher zusammengefügtes Gebäude von Bedeutungen ansehen, bei denen die Menschen Anleitungen für ihr Leben zu finden hoffen, bei denen sie angesichts von Endlichkeit und Tod Trost und Ansporn suchen. Von dieser Sicht ist es nur ein kurzer Schritt zu dem explizit moralischen Urteil, daß alle menschlichen Bedeutungen dieser Art großen Wert besitzen und nicht leichtfertig abgetan werden sollten. In diesem Zusammenhang kann man sogar von einer spezifischen Form von Demut sprechen, die allen wahren Sozialwissenschaftlern eigen ist.

Hier wird ein Paradox sichtbar: Genau dann, wenn man darauf besteht, daß die Soziologie als solche keine Moralität hervorbringen kann, kommen die in der Soziologie potentiell vorherrschenden moralischen Qualitäten zum Vorschein. So besteht, wenngleich paradox, eine Brücke zwischen Methode und Beruf. Streng gesagt, ist es der Beruf des Soziologen, Soziologie zu betreiben. Doch wenn er Soziologie betreibt, »rein« und ohne falsche Ansprüche, dann stellt sich

unversehens heraus, daß diese Tätigkeit über ihre streng wissenschaftlichen Absichten hinaus menschliche Werte besitzt. Diese menschlichen Werte erstrecken sich auf die soziologische Forschung, doch
ebenso auch auf andere Tätigkeiten des Berufs (vor allem Lehre) und
auf den Prozeß der Sozialisierung, der mit der Berufsausbildung jun-
ger Soziologen verbunden ist. *Die vielen Geschichten menschlicher
Bedeutungsgehalte anzuhören – und diese Geschichten dann so gewis-
senhaft wie möglich nachzuerzählen –*, diese Beschreibung dessen, was
der Soziologe tut, ist eine Neuformulierung gewisser methodologischer Prinzipien. Es ist *auch* eine Formulierung mit einem gewissen
moralischen Status.

Noch einmal: Die Soziologie kann keine moralischen Anleitungen
geben. Nichtsdestoweniger, und paradoxerweise, hat sie eine merkwürdige Beziehung zur Ethik oder zumindest zu einer besonderen Art
von Ethik. Max Weber hat sie als Verantwortungsethik bezeichnet –
das heißt als eine Ethik, die ihre Handlungskriterien von einer Einschätzung wahrscheinlicher Konsequenzen und nicht von absoluten
Prinzipien herleitet. Es ist kein Zufall, daß Weber *qua* Moralist so
nachdrücklich für diese Art von Ethik plädiert. Um ein weiteres seiner
Konzepte zu benutzen: Zwischen dieser moralischen Wahl und seinem Verständnis der soziologischen Methode besteht eine enge
»Wahlverwandtschaft«. Warum diese Verwandtschaft? Weil die
Soziologie einem das ständige Bewußtsein für die Macht von Konse-
quenzen vermittelt, einschließlich und vor allem für die Macht (wahr-
scheinlicher) nicht beabsichtigter Konsequenzen. Der moralische
Absolutist hingegen sieht über die Konsequenzen hinweg oder spielt
sie herunter: *Fiat justitia, pereat mundus.* Aus demselben Grund sorgt
der moralische Absolutist mit eindrucksvoller Regelmäßigkeit für
Konsequenzen, die seinen Intentionen diametral entgegengesetzt sind.
So trägt der Pazifist immer wieder zum Krieg bei, der Rebell zur
Tyrannei, der Puritaner zur Ausschweifung. Die Soziologie versteht,
wie vorläufig auch immer, diese ironische Beziehung zwischen Moti-
ven und Konsequenzen und kann sie voraussagen. Der »Geist der
Soziologie« ist daher verwandt mit einer Verantwortungsethik, mit
einer moralischen Einschätzung *wahrscheinlicher* Gewinne und *wahr-
scheinlicher* Verluste. Wie immer es um die tiefere Affinität zwischen
Soziologie und dieser Art von Ethik beschaffen sein mag, auf jeden
Fall kann sie sich viel bereitwilliger dieser Ethik unterordnen, als sich
in den Dienst einer absoluten Sache zu stellen. Nach alledem ist das
Abwägen von Konsequenzen im Sinne der Rationalität grundlegend

für jede soziologische Analyse. So kann der Soziologe wenigstens den Kontext moralischer Entscheidungen klären.

Doch kehren wir für einen Augenblick zu dem früheren Beispiel zurück: Angenommen, es besteht ein Wertkonflikt zwischen traditionellen Vorstellungen von Familienehre und moderneren Auffassungen von Ehe, Sexualsitten und der Mann-Frau-Beziehung – wie es heute in Spanien, in anderen Mittelmeerländern und anderswo auf der Welt der Fall ist. Weiter angenommen, der Soziologe unterhält sich mit jemandem, der die Verteidigung dieser traditionellen Vorstellungen unterstützt, vielleicht in organisierter Weise oder vielleicht sogar mit Hilfe einer politischen Kampagne. Kann der Soziologe *qua* Soziologe in diesem Konflikt Partei ergreifen? Natürlich nicht. Soziologie kann die traditionelle Ehre genauso wenig legitimieren, wie sie die Modernität predigen kann. Doch der Soziologe *kann* diesem Neotraditionalisten erklären, vor welchen Schwierigkeiten die alten Wertvorstellungen von Ehre in einer Gesellschaft stehen, die Wandlungen durchmacht, die Spanien in den letzten Jahrzehnten zu bewältigen hatte – Industrialisierung, Urbanisierung, Demokratie, den Massenandrang ausländischer Touristen und ausländischer Ideen, Zunahme der Berufstätigkeit von Frauen, Rückgang der Geburtenquote. Höchstwahrscheinlich wird der Soziologe dem *caballero* alter Schule erklären müssen, daß die Zukunft dieser traditionellen Werte nicht sehr rosig erscheint. Doch damit ist noch lange nicht gesagt, daß der Soziologe *daher* die Anpassung an die Modernität empfehlen muß. Der Rat des Soziologen kann niemals über »Wenn . . . dann«-Aussagen von probabilistischer Form hinausgehen, und wenn der *caballero* erwidert: »Vielen Dank, *senor*, doch die verlorene Sache gereicht zur größten Ehre«, dann kann der Soziologe nichts weiter sagen – jedenfalls nicht *qua* Soziologe, auch wenn er als Mensch mit seinem Gesprächspartner völlig einig gehen oder völlig anderer Meinung sein kann. Umgekehrt, wenn derselbe Soziologe mit einem modernistisch gesonnenen Spanier spricht, der die jüngsten Wandlungen der spanischen Gesellschaft schlicht und einfach als Fortschritt ansieht, dann wird es die Aufgabe des Soziologen sein, die Aufmerksamkeit auf andere Konsequenzen zu lenken, vor allem auf Konsequenzen, die der fortschrittsgläubige Modernist nicht beabsichtigt – der Zerfall von Bedeutungen, nach denen die Leute früher gelebt haben, Frustrationen und *Anomie*, politische Ressentiments, kulturelle Standardisierung und Mediokrität, Verschärfung des Gegensatzes zwischen verschiedenen sozialen Klassen. Und, das versteht sich von selbst, der Hinweis auf diese Phänomene macht den Soziologen an sich noch nicht zu einem Neotraditionalisten. Letztlich wird keiner dieser soziologischen Ratschläge irgend jemandem dabei helfen, eine moralische oder existentielle Wahl für oder gegen den traditionellen Ehrenkodex zu treffen. Doch welche Wahl am Ende auch getroffen wird, der einzelne, der sie trifft, hat zumindest eine klarere Vorstellung von dem, was ihm bevorsteht. Und das ist kein geringer Beitrag.

Moralität und Religion sind die beiden Bereiche, in denen die moderne Relativität die stärksten Auswirkungen hatte, aus Gründen, die unschwer zu erkennen sind. Wenn es Bereiche gibt, in denen die Menschen Sicherheit ersehnten, dann sind es diese – der erstgenannte enthält die Lebensnormen, der andere die letzten Werte, die das Leben lebenswert machen. Für einen einzelnen ist möglicherweise die Relativierung der Religion die schwerwiegendere Sache; es ist wahrscheinlich leichter für einen einzelnen, ohne feste Moralität zu leben als ohne letzte Bedeutungen. Für die Gesellschaft als ganze ist jedoch die Relativierung der Moralität wahrscheinlich die ernstere Angelegenheit, denn sie untergräbt die Fundamente, auf denen jedes menschliche Kollektiv beruhen muß. Dieser Punkt wird noch deutlicher, wenn man sich das Phänomen des Pluralismus anschaut – eine Situation, in der Gemeinschaften mit unterschiedlichen Bedeutungssystemen ein Leben in friedlicher Koexistenz führen. Pluralismus steht in enger Beziehung zur Relativität, da ebendiese Pluralität von Bedeutungssystemen die Plausibilität jedes einzelnen Systems schwächt. Die amerikanische Gesellschaft hat, dies kann man getrost sagen, den *religiösen* Pluralismus höchst erfolgreich zu handhaben verstanden. Die charakteristische amerikanische Wortschöpfung von der »religiösen Präferenz« läßt diesen Pluralismus beredt zum Ausdruck kommen: »Meine religiöse Präferenz ist presbyterianisch.« Oder in jüngerer Zeit: »Ich stehe auf Buddhismus.« Man könnte argumentieren, daß ein großer Teil der gegenwärtigen Probleme in der amerikanischen Gesellschaft von einer neuen Woge des *moralischen* Pluralismus herrühren. Es läßt sich, sollte dies stimmen, voraussagen, daß man mit dieser Art von Pluralismus viel schwerer fertig wird: »Meine moralische Präferenz ist die Benutzung von Gift als ein Mittel politischer Taktik.« Oder: »Ich bin für das Töten mit der Axt.«

So faszinierend dieses Thema auch ist, wir können es hier nicht weiter verfolgen. Doch es ist notwendig, daß wir uns die Beziehung der Soziologie zu diesen beiden Manifestationen der modernen Relativität näher anschauen. Das Problem der moralischen Relativität läßt sich ohne weiteres in soziologischen Begriffen formulieren: *Sobald man erst einmal die »Konstruiertheit« der Moral erkannt hat, wie kann man dann noch moralische Urteile fällen?*

Es sollte nunmehr klar sein, daß sich moralische Urteile nicht aus einem wissenschaftlichen Bezugsrahmen heraus fällen lassen, sei es der Bezugsrahmen der Soziologie oder der irgendeiner anderen empirischen Wissenschaft (etwa der Psychologie, der Geschichtswissenschaft oder der Biologie). Es muß nun betont werden, daß man an *dieselbe* Situation sowohl mit einem wissenschaftlichen wie auch einem moralischen Bezugsrahmen herangehen kann; anders gesagt, *dieselbe* Situation erscheint jeweils anders, wenn man diese beiden Relevanzstrukturen auf sie anwendet (dies sind natürlich nicht die beiden einzigen Relevanzstrukturen). Innerhalb der einen Relevanzstruktur könnte man die Behauptung aufstellen: »Mitglieder der politischen Bewegung X benutzen aus folgenden erklärten und nicht erklärten Gründen Gift als ein taktisches Mittel.« Innerhalb der anderen Relevanzstruktur kann man erklären: »Der Einsatz von Gift als taktisches politisches Mittel ist falsch« – oder natürlich: »Der Einsatz von Gift als politische Taktik ist moralisch nicht gerechtfertigt.« In jedem der beiden letzten Fälle dürfte es wahrscheinlich zur Absicherung der Behauptung eine rationale Begründung geben, doch diese Begründung ist notwendigerweise völlig anders als die rationalen Schritte, die zu der soziologischen Aussage führen.

Hier bietet sich eine Analogie an. Sowohl im Alltagsleben wie auf der Ebene theoretischer Konzeptualisierungen kann man die unterschiedlichen Relevanzstrukturen der praktischen Nützlichkeit und des ästhetischen Urteils anwenden. Zum Beispiel kann man sagen: »Dies ist eine sehr gute Kaffeemaschine.« Mit dieser Aussage will ich auf die praktische Nützlichkeit der Maschine hinweisen: Sie liefert schnell Kaffee, fällt nur selten aus, ist von passender Größe, kann verschiedene Filter aufnehmen usw. Doch ich kann auch erklären: »Diese Kaffeemaschine ist häßlich.« Diese beiden Äußerungen gehören zu völlig verschiedenen Bezugsrahmen, und was für die eine relevant ist, hat keinerlei Relevanz für die andere. So kann ich durchaus logisch erklären: »Alles, was du mir darüber gesagt hast, wie gut diese Kaffeemaschine ist, kann ohne weiteres richtig sein. Doch ich behaupte *weiterhin*, daß sie häßlich ist!« Oder: »Ja, sie ist ziemlich häßlich, doch bei einer Kaffeemaschine kann ich auf Schönheit verzichten. Mir geht es nur darum, daß ich meinen Morgenkaffee so gut wie möglich bekomme.« Auf der Ebene theoretischer Konzeptualisierung lassen sich diese gewöhnlichen Aussagen ungeheuer verfeinern und verkomplizieren. So kann man sich vorstellen, daß es irgendwo ein Forschungszentrum gibt, in dem Bataillone von eifrigen Ingenieuren damit beschäftigt sind, immer effizientere Kaffeemaschinen herzustellen, und man kann sich weiter vorstellen, daß diese Leute über die Jahre hin eine Theorie des Kaffeemaschinen-Ingenieurwesens entwickelt haben. Doch alle diese Bemühungen haben wahrscheinlich keinerlei Wirkung auf irgend jemanden, der an der Theorie der Ästhetik interessiert ist (es sei denn, der Betreffende verficht die Theorie, daß Funktionalität gleich Schönheit *ist* – ein Fall von theoretischem Synkretismus, den es geben mag, der jedoch nicht im Widerspruch steht zu den diskrepanten Relevanzstrukturen, die alle anderen Ästhetiker von Ingenieuren trennt).

Lassen Sie und noch einmal unseren spanischen *caballero* herbeibemühen: Don Jaimes Frau hat mit einem anderen Mann geschlafen; Don Jaime glaubt, er habe das Recht, ja sogar die Pflicht, die beiden Liebenden zu töten, um seine Ehre zu verteidigen. (Es ist natürlich gut möglich, daß er sich trotz dieser Auffassung aller Handlungen in dieser Hinsicht enthält – weil er seine Frau noch liebt, weil er ein Feigling ist, weil er nicht mit Pistolen umgehen kann usw. All diese Hinderungsgründe sind psychologische oder soziale Faktoren in der Situation, doch keiner negiert für Don Jaime die Norm, die vom Ehrenkodex diktiert wird, und sie sind daher für die hier angestellten Überlegungen irrelevant.) Doch lassen Sie uns nun schnell von diesem iberischen Drama der Leidenschaft einige tausend Kilometer nach Westen springen – etwa nach Marine County in Kalifornien: Jacks Frau hat mit einem anderen Mann geschlafen; Jack meldet sich in einer »Eifersuchts-Klinik« zur Behandlung an. (Wiederum ist es möglich, daß Jack Augenblicke lang Mordimpulse verspürt, doch sie sind für die Normen, die zu seinen Handlungen gehören, irrelevant. Soweit sie überhaupt relevant sind, hat diese Relevanz in der Tat die gegenteilige Bedeutung wie die hinter Don Jaimes Mord-Gedanken stehende: Jack würde seine Frau am liebsten umbringen, doch seine »Feindseligkeit« ist in sich selbst eine Verletzung der Norm, die den Weg zur Therapie vorschreibt; Don Jaime schreckt vor dem Mord an seiner Frau zurück, doch dieses »unmännliche« Zaudern ist eine moralische Schwäche, die es zu überwinden gilt.)

Ein Außenstehender, der die Situation antrifft, ist vollkommen in der Lage, sie zu interpretieren, vorausgesetzt, die notwendigen Forschungen werden angestellt. Wenn der Außenstehende Soziologe ist, wird diese Interpretation, wie wir gesehen haben, eine andere Form annehmen. So können wir (vielleicht mit ein wenig Zuneigung) zu der aus dem amerikanischen Mittelwesten stammenden Soziologin zurückkehren, die wir vor einiger Zeit verlassen haben, als sie sich mit einer Einladung zu einer Orgie abplagte. Lassen wir die Frage beiseite, ob sie in Spanien oder in Kalifornien einen größeren Kulturschock erlebt. Wichtiger ist, daß sie sehr spezifische Schritte einleiten kann, um eine soziologische Interpretation jeder der beiden Situationen geben zu können. Lassen Sie uns nun weiter annehmen, daß diese unsere Soziologin in ihr begriffliches Arsenal auch die Wissenssoziologie aufgenommen hat. Nach einer Weile wird sie dann, je nachdem, mit einer Theorie über die Sexualmoral in Marine County aufwarten oder eine analoge, sich auf Santiago de Compostella beziehende Theorie aufstellen. Mit den notwendigen Finanzmitteln ausgestattet, wird sie vielleicht sogar eine Theorie erarbeiten, die für beide Fälle zutrifft, und dieser Vergleich mag insofern nützlich sein, als er die institutionellen Faktoren hervorhebt, die die Sexualmoral im allgemeinen determinieren. So kann sie zum Beispiel die folgende, statistisch untermauerte Behauptung aufstellen: Es besteht eine umgekehrte Beziehung zwischen Mord an Ehefrauen und der Berufstätigkeit von Ehefrauen. Wie dem auch sei, wir gehen davon aus, daß unsere Soziologin in der Lage ist, eine umfassende und empirisch stichhaltige Interpretation dieser Situationen zu liefern.

Der entscheidende Punkt ist, daß keine dieser Interpretationen unmittelbar dazu verwandt werden kann, einen der beiden Ehemänner entweder zu beglückwünschen oder zu verurteilen. Anders gesagt, sowohl Don Jaime wie Jack können, als intelligente Männer, die Doktorarbeit unserer Soziologin lesen und verstehen – ohne von ihrer jeweiligen moralischen Überzeugung abgebracht zu werden. Sollte die Verfasserin der Dissertation von einer oder auch von beiden Situationen sagen: »Dies ist falsch« – wie ginge das an? Höchstwahrscheinlich hat sie dieses Urteil abgegeben, noch ehe sie überhaupt in ihre Analyse eingestiegen ist. Doch unabhängig davon, ob es das gleiche oder ein anderes moralisches Urteil ist als das von ihr zu Beginn gefällte, die Aussage »Dies ist falsch« gehört zu einer Relevanzstruktur, die nicht mit der übereinstimmt, die ihrer Behauptung über die Berufstätigkeit von Ehefrauen zugrunde liegt. Nehmen wir den Fall von Don Jaime: Unsere Soziologin nimmt vermutlich an, Mord sei keine moralisch akzeptierbare Reaktion auf Ehebruch. Oder in Jacks Fall glaubt sie wahrscheinlich, Eifersucht sei eine »natürliche« menschliche Emotion, die keiner Therapie bedürfe. Gewiß, jede der beiden Auffassungen setzt eine Vorstellung von der »richtigen« Beziehung zwischen Ehemännern und Ehefrauen voraus – bezeichnen wir sie als gemäßigt monogame Ethik. Doch bei der Anwendung dieser Ethik auf Situationen, die sich weiter von Minnesota entfernt abspielen, *postuliert* unsere Soziologin implizit oder explizit eine universell gültige menschliche Conditio. Auf dieser Grundlage *entscheidet* sie dann, daß die in Frage stehenden Handlungen mit dieser Auffassung der menschlichen Verfassung nicht verträglich sind. Je theoretisch versierter unsere Soziologin ist, desto expliziter wird (oder sollte) ihre Behauptung und ihre Entscheidung sein. Die Beweggründe für die Entscheidung mögen unterschiedlich sein. Sie können religiöser oder philosophischer Natur sein, oder sie können auch in einer weniger komplizierten Vorstellung des menschlich Akzeptierbaren liegen. Es liegt auf der Hand, daß dies nicht der Ort ist, die verschiedenen Gründe für moralisches Urteilen aufzuzählen oder zu analysieren. Der Punkt ist ganz einfach, daß *keiner* dieser Gründe durch die durchgeführte soziologische Analyse beseitigt oder bekräftigt wird. So denkt unsere Soziologin nach erfolgreicher Verteidigung ihrer Dissertation noch einmal an Don Jaime und konstatiert bei sich erneut: »Dieser Bastard!« Oder wenn sie an Jack denkt: »Dieser arme Kerl!«

Wenn wir die Sache noch komplizierter machen wollen, können wir uns vorstellen, daß Don Jaime und Jack auch Soziologen sind – und daß sie eine Untersuchung über die Sexualsitten von Minnesota durchführen! Man könnte nun annehmen, daß auch sie in der Lage sind, eine umfassende Theorie aufzustellen, wie etwa im Falle unserer Soziologin aus Minnesota. *Ihre* moralischen Urteile über *sie*, Don Jaime und Jack, können, mit anderen Worten, ebenfalls soziologisch und sozialpsychologisch analysiert werden. Doch noch einmal sei betont, eine solche Analyse liefert aus sich selbst heraus keine ethischen Kriterien für eine endgültige Entscheidung über die empirisch zugänglichen moralischen Widersprüche. (Eine vollständigere Analyse dieser Angelegenheit hätte zu unterscheiden zwischen den »noetischen« und den »noematischen« Aspekten moralischen Urteilens, doch dies liegt außerhalb unserer gegenwärtigen Überlegungen.)

Moralität, als äußerlich festgelegtes Normengerüst und als verinnerlichte Komponenten des individuellen Bewußtseins, ist empirisch zugänglich und von daher gesehen ein geeigneter Gegenstand für die Soziologie wie auch für andere empirische Disziplinen (einschließlich der Psychologie). Die Ethik auf der anderen Seite ist eine normative Disziplin, die sich von der Absicht leiten lassen muß, zwischen empirisch zugänglichen Moralitäten zu entscheiden, gleichsam einen Schiedsspruch zu fällen, sei es aus philosophischen oder möglicherweise auch theologischen Gründen. Ethik und Soziologie sind daher scharf abgegrenzte Formen intellektueller Analyse, auch wenn sie sich natürlich häufig mit demselben Phänomen beschäftigen. Das heißt jedoch *nicht,* daß sie in keinerlei Weise aufeinander einwirken. Die Soziologie beeinflußt die Ethik genau deshalb, weil sie den Ethiker auf die empirische Relativität moralischer Auffassungen aufmerksam macht. Wenngleich diese Aufmerksamkeit, wie wir des längeren gezeigt haben, nicht aus sich heraus zu ethischen Aussagen führt, so hält sie den Ethiker doch notwendigerweise an, nach Kriterien auszuschauen, die sich auf all die miteinander in Widerstreit stehenden moralischen Systeme, die der Soziologe erkunden und erklären kann, anwenden lassen. Einfach formuliert, die Soziologie ist für die Ethik von Nutzen, weil sie die Ethik für ihre Stellung in Raum und Zeit sensibel macht. Man kann auch sagen, daß die Soziologie folglich die Ethik zu einer transkulturellen Konzeption universeller Normen drängt. Mehr noch, die Soziologie ist, wie wir oben erörtert haben, besonders relevant für jede »Verantwortungsethik«, weil sie die Wahrnehmung beabsichtigter und nicht beabsichtigter Konsequenzen menschlichen Handelns schärft. All dies geschieht vom Gesichtspunkt der Ethik aus auf dem Wege von Prolegomena. Es ist gleichviel ein bedeutsamer Beitrag.

Umgekehrt hat die Ethik Einfluß nicht so sehr auf die Soziologie als Disziplin, sondern vielmehr auf den einzelnen Soziologen in Ausübung seines Berufs. *Qua* Soziologe ist jeder einzelne gebunden an die Normen des soziologischen Berufs, an die »Gemeinschaft der Forscher«, doch der Soziologe hat, wie wir gesehen haben, eine »doppelte Staatsbürgerschaft« – das heißt, er ist auch ein gewöhnliches Mitglied der Gesellschaft und als solches denselben ethischen Normen unterworfen wie jeder andere. Die Ethik muß sich also mit der moralischen Verantwortung des einzelnen Soziologen für seine Arbeit und für ihre Anwendungen oder Fehlanwendungen befassen – Verantwortung jetzt nicht nur *vis-à-vis* der »Gemeinschaft der Forscher«, sondern auch gegenüber dem allgemeinen Publikum.

Mit der weiteren strategischen Frage, nämlich der nach der Beziehung von Soziologie und Religion, können wir uns hier nur kurz befassen.

Auch in diesem Zusammenhang ist das Problem der Relativität natürlich von zentraler Bedeutung. Auf dem Gebiet der Religion hat es sich aufgrund historischer Gelehrsamkeit besonders scharf gestellt, doch auch die Soziologie hat dem Problem eine eigene Dimension eröffnet. Das Problem läßt sich folgendermaßen formulieren: *Kann man noch nach religiöser Wahrheit fragen, wenn man einmal erkannt hat, daß auch die Religionssysteme soziale Konstruktionen sind?* Daß religiöse Systeme solche Konstruktionen sind – oder auf jeden Fall im Bezugsrahmen jeder empirischen Analyse *auch* solche Konstruktionen sind –, das läßt sich mit Hilfe der Religionssoziologie (die innerhalb der Disziplin eigentlich eine Unterabteilung der Wissenssoziologie darstellt) ziemlich schlüssig nachweisen. Ist damit ein für allemal jede Diskussion über religiöse Bestätigung auf der Ebene metasoziologischer Realität zu Ende?

Das Problem ist dem Problem der Moral vergleichbar, und zwar in der Art und Weise, wie soziologische Einsichten in die Relativität und »Konstruiertheit« menschlicher Bedeutungssysteme die Absolutheitsansprüche in Frage stellen. Doch der Fall der Religion ist insofern unterschiedlich, als das Objekt religiösen Glaubens, jedenfalls im Verständnis des Gläubigen, außerweltlich ist, das heißt eine Realität jenseits der Realitäten des menschlichen Lebens besitzt. Im Gegensatz dazu ist es durchaus möglich, moralische Urteile ohne solche außerweltlichen Annahmen zu fällen. Doch, es sei wiederholt, die beiden Fälle liegen ähnlich, insofern die Soziologie eine religiöse Aussage, die sich auf eine außerweltliche Realität bezieht, weder für gültig noch für ungültig erklären kann – das heißt, sowenig man aus der Soziologie ethische Schlußfolgerungen ableiten kann, so wenig kann man die Soziologie in den Dienst der Religion (oder übrigens des Atheismus) stellen. Religiös formuliert, muß die Soziologie immer agnostisch bleiben. Auch die Religionssoziologie bleibt agnostisch; was immer sie über die religiösen Phänomene zu sagen hat, es bleibt im Rahmen dessen, was empirisch faßbar ist – was per Definition die Götter ausschließt. Wenn soziologisches Argumentieren dazu benutzt wird, atheistische Schlußfolgerungen zu ziehen, wie es seit Feuerbach häufig geschehen ist, sind die Grenzen echt wissenschaftlicher Vorgehensweise überschritten.

Nehmen wir ein Beispiel: Ich bin Moslem, und jeden Tag bekräftige ich öffentlich: »Es gibt keinen Gott außer Allah, und Mohammed ist sein Prophet.« Angenommen nun, ich bin auch Soziologe und möchte die Ursprünge, die Funktionen und die Entwicklung dieses Glaubensbekenntnisses gründlich analysieren. Mit anderen Worten, ich möchte eine Soziologie des Islam erarbeiten. Dazu gehört unter Umständen die Analyse der sozioökonomischen Bedingungen Arabiens im siebten Jahrhundert, der Sozialpsychologie arabischer Prophetie, der Klassenkämpfe in den Städten Mecca und Medina, der imperialen Interventionen und der Handelsinteressen usw. Gehen wir davon aus, daß ich bei meinem Unternehmen Erfolg habe und daß ich tatsächlich wertvolle neue Einsichten gewinne und sogar kausale Erklärungen bezüglich der frühen Geschichte des Islam beisteuern kann. Nehmen wir weiter an, daß ein nicht-moslemischer Soziologe unter Verwendung derselben Verfahrensweisen zu denselben Schlußfolgerungen kommt – was unter anderem bedeutet, daß ich meinen moslemischen Glauben ausgeklammert habe, während ich mit soziologischer Arbeit beschäftigt war. Kann ich nach alledem noch Moslem sein?

Die Antwort im Sinne der hier dargestellten soziologischen Methode ist ein entschiedenes Ja. Wie kann das sein? Lassen wir für einen Augenblick die Tatsache beiseite, daß der Islam, anders als andere religiöse Traditionen, bislang jeder modernen wissenschaftlichen Erforschung seiner Geschichte abgeneigt ist (in dieser Hinsicht ähnelt der Islam dem Christentum vor der Revolution in der historischen Religionswissenschaft im neunzehnten Jahrhundert); lassen Sie uns annehmen, daß ich ein »liberaler Moslem« bin. Ich besitze dann eine besondere Art von »doppelter Staatsbürgerschaft« (wie es bei vielen christlichen Gelehrten in den vergangenen 150 Jahren oder so der Fall gewesen ist): Auf der einen Seite bin ich Bürger der »Gelehrtenrepublik«, und in dieser Eigenschaft betreibe ich nicht nur soziologische Forschung, sondern dies sogar in Zusammenarbeit mit Nicht-Moslems. Auf der anderen Seite bin ich weiterhin Bürger der ›umma‹, der Gemeinschaft des Islam, und in dieser Eigenschaft bekräftige ich die islamische Glaubenslehre, lege ich mich zum Gebet nieder und beteilige mich an all den anderen Handlungen moslemischer Gläubigkeit. Wie gesagt, innerhalb meines Bewußtseins bestehen zwei unterschiedliche Relevanzstrukturen, zwischen denen ich »wandern« kann. Und jede Relevanzstruktur, die mit demselben Phänomen befaßt ist, *enthält auch die andere.* Folglich erklärt die Soziologie die moslemische Glaubenslehre. Doch der moslemische Glaube prägt den Befunden der Soziologie seine eigene Relevanzordnung auf. So mag ich beispielsweise beim Abschluß meiner soziologischen Forschungen in die Lobpreisung Allahs ausbrechen, der die sozialen Bedingungen des siebten Jahrhunderts für seinen Offenbarungsplan benutzte. Man kann nicht nachdrücklich genug betonen, daß es sich dabei *nicht* um eine Art von

Schizophrenie handelt – genausowenig wie bei der Koexistenz anderer unterschiedlicher Relevanzstrukturen im Bewußtsein.

So kann die Soziologie niemals sagen, ob und warum man Moslem werden sollte. Den moslemischen Glauben zu bekräftigen ist *Entscheidungs*sache, die auf wie immer beschaffenen theoretischen oder erfahrungsmäßigen Gründen beruht. Die religiöse Erfahrung, die der Conditio des Moslemseins zugrunde liegt, ist, strenggenommen, gegenüber der soziologischen Analyse immun. Doch das ist nicht alles.

Jede religiöse Erfahrung ereignet sich innerhalb eines sozialen Kontextes, selbst die des Eremiten (der einen *internalisierten* sozialen Kontext mit sich herumträgt). Dieser soziale Kontext ist natürlich ohnehin »immun« gegenüber soziologischer Interpretation – nicht mehr und nicht weniger als der soziale Kontext (das heißt die Plausibilitätsstruktur) aller anderen menschlichen Bedeutungen. Auch kann man nicht irgendeine pure Essenz aus der religiösen Erfahrung isolieren, die dann als unabhängig von ihrem sozialen Kontext erschiene. Selbst wenn ich die Hypothese aufstelle, daß Mohammeds ursprüngliches Offenbarungserlebnis in der Religionsgeschichte ein erstaunliches Novum darstellt, ein »Seinssprung« (um den Begriff von Eric Voegelin zu verwenden), der nicht als Weiterentwicklung von etwas ihm Vorausgegangenen verstanden werden kann – selbst dann muß ich noch die Tatsache berücksichtigen, daß Mohammed seinem eigenen Bericht zufolge die Offenbarung in der *arabischen Sprache* erfuhr. Die Implikationen dieser Tatsache eben im Sinne des sozialen Kontextes, in dem Mohammed seine Erfahrung machte, diese Implikationen sind in der Tat weitreichend.

Als gewissenhafter Religionssoziologe, der den Charakter der Interpretation im Sinne Webers versteht, werde ich nicht nur den sozialen Kontext des frühen Islam erforschen, sondern auch, soweit es in meiner Macht steht, eine phänomenologische Beschreibung der religiösen Erfahrung zu geben versuchen. Das zu tun bin ich gehalten, weil ich nur auf diesem Wege die Bedeutung der Handlungen Mohammeds und seiner Schüler verstehen kann. In diesem begrenzten Sinne betreibe ich in der Tat »Theologie« (genau wie Weber beispielsweise in seiner Analyse des Kalvinismus »Theologie« betrieb). Doch ich tue dies eben in Anführungsstrichen. Der moslemische Theologe spricht von dem Engel, der zu Mohammed sprach; ich kann hingegen nur von dem angeblichen »Engel« sprechen, der angeblich zu Mohammed »sprach«. Ersetze ich die Anführungsstriche durch Klammern, dann kann ich in phänomenologischer Redeweise sagen: Meine Beschrei-

bung der moslemischen religiösen Erfahrung muß den letztendlich
ontologischen Status dieser Erfahrung rigoros ausklammern. Mir sind
nur die Berichte Mohammeds und anderer über die religiöse Erfahrung zugänglich, Berichte, die ich als bedeutsame Inhalte ihres
Bewußtseins zur Kenntnis nehmen kann, nicht mehr. Und natürlich
sind mir auch der vorausgegangene soziale Kontext und die beabsichtigten wie nicht beabsichtigten Konsequenzen der religiösen Erfahrung zugänglich. Was mir *qua* empirischer Wissenschaftler aber nachdrücklich *nicht* zugänglich ist, das sind der Engel als übernatürliches
Wesen, der Koran als vom Himmel herabgekommene Offenbarungs-
ganzheit und (wie sich von selbst versteht) Allah als göttliches Wesen
und letzter Grund all dieser Ereignisse.
Gleichzeitig jedoch kann nichts, was ich über diese Dinge zu sagen
habe, sie letztlich »hinwegerklären«. Selbst im Rahmen meiner phänomenologischen Darstellung der religiösen Erfahrung muß ich ihre
eigentliche ontologische Intentionalität zur Kenntnis nehmen. Das
heißt, ich kann niemals sagen, daß diese Erfahrung »in Wirklichkeit
etwas anderes bedeutet« – etwa die Klasseninteressen der Nachfolger
Mohammeds oder ihre politischen Ambitionen – oder, nebenbei, die
psychischen Bedürfnisse Mohammeds selbst. Ich muß meine Untersuchungsobjekte »für sich selbst sprechen« lassen. Anders gesagt, ich
muß die Bedeutung *sui generis* dessen, was ich erforsche, zulassen.
Unabhängig davon, ob ich Mohammeds Glauben teile oder nicht, ich
muß *seine* Intentionalität akzeptieren und darf nicht *meine* in den
Vordergrund stellen. Und wenn überhaupt etwas klar ist, dann dies:
Mohammed hatte *nicht* die Absicht, mit seiner Erfahrung »in Wirklichkeit« wie immer geartete soziologisch relevante Interessen zu verfolgen (die gegenüber der überragenden *religiösen* Bedeutung höch-
stens untergeordnet oder sogar unbeabsichtigt waren). Ich tue etwas
völlig anderes, wenn ich dem beipflichte, was mein Untersuchungsob-
jekt (in diesem Falle Mohammed) sagt. Das heißt, wenn ich die Klammern entferne und den ontologischen Status des Engels, des Korans
usw. bestätige, begebe ich mich in einen radikal anderen Bezugsrahmen. Dann gebe ich mich in der Tat einem Glaubensakt hin. (Nebenbei, dieser Gesichtspunkt läßt sich noch weiter verfolgen, indem man
zwischen dem »noetischen« und dem »noematischen« Aspekt der religiösen Erfahrung unterscheidet: Die Religionssoziologie beschäftigt
sich in erster Linie mit den spezifischen Aspekten der religiösen »noe-
sis«; das »noema« der religiösen Erfahrung kommt nur in den »Klammern« der phänomenologischen Beschreibung zum Vorschein.)

Wie gesagt, Soziologie und Theologie sind zwei unterschiedliche Disziplinen mit streng voneinander geschiedenen Relevanzstrukturen. Die Soziologie hat keine Wahl, als den ontologischen Status religiöser Aussagen beiseite zu lassen, denn all diese Aussagen liegen außerhalb der Reichweite empirischer Forschung, sofern sie wirklich religiös sind. Theologie (moslemische, christliche oder was Sie wollen) ergibt keinerlei Sinn, *ehe* diese Klammern nicht entfernt sind. Man sollte denken, daß dies eine einfache Sache ist; es ist ein Indiz für den fortdauernden Einfluß des Feuerbachschen Reduktionismus, daß viele christliche Theologen dies nicht begriffen haben. Doch wie im Fall der Beziehung zwischen Soziologie und Ethik wirken Soziologie und Theologie aufeinander ein. Zumindest wird ein soziologisch sensibilisierter Theologe mit der »Konstruiertheit« religiöser Systeme zu rechnen haben – und dies wird zumindest bestimmte Formen des theologischen Fundamentalismus, die dies nicht anzuerkennen vermögen, von vornherein ausschließen. Und wie der Ethiker wird sich der Theologe, der etwas von Soziologie versteht, gedrängt fühlen, nach jenen universell gültigen Kriterien religiöser Wahrheit zu suchen, die die Relativität von Raum und Zeit transzendieren. Die großen Schwierigkeiten, die mit einer solchen Suche verbunden sind, sollen uns hier nicht beschäftigen. Was den umgekehrten Einfluß angeht, den der Theologie auf die Soziologie, so ist er weniger direkt; man kann sicherlich eine Menge Soziologie betreiben ohne jedwede theologische Sensibilität. Doch zumindest der Religionssoziologe wird sich so etwas wie ein »theologisches Ohr« zulegen müssen – sonst ist der Akt des Zuhörens, der für die Interpretation so entscheidend wichtig ist, nicht möglich. Man kann hinzufügen, daß die Religionssoziologie nicht soviel von einer Subdisziplin an sich hat, wie viele heutige Soziologen denken. Praktisch alle klassischen Soziologen – nicht nur Weber, sondern auch Durkheim, Simmel, Pareto und andere – haben verstanden, daß Religion ein zentrales soziales Phänomen ist, denn für den größten Teil der Menschheitsgeschichte hat die Religion die letztgültigen Bedeutungen und Lebenswerte bereitgehalten. Der Erwerb eines »theologischen Ohrs« ist mithin für den interpretierenden Theologen etwas mehr als der Erwerb einer marginalen Fertigkeit.

KAPITEL 4

Soziologische Interpretation
und das Problem der Freiheit

Aus der Perspektive der Soziologie wird die »Gebundenheit« des Menschen auf zweifache Weise sichtbar. Erstens befindet sich der Mensch vom Augenblick der Geburt stets in einem sozialen Kontext, der ihn »bindet« – das heißt, er sieht sich in den Mittelpunkt von Kreisen sozialer Kontrolle gestellt, die sich erstreckt von jenen »signifikanten anderen«, mit denen er eine *Face-to-face*-Interaktion unterhält, bis hin zu entfernten Megastrukturen, die ihn auf abstrakte und kaum faßbare Weise berühren. Diese elementare Tatsache erlaubt eine Aussage von täuschender Einfachheit: Der Mensch lebt in Gesellschaft. Diese Gesellschaft erlebt er als harte Realität – außerhalb von sich, ungeachtet seiner Wünsche und Hoffnungen sich ihm aufdrängend, eben als objektive Realität. Dies hatte Emile Durkheim im Sinn, als er betonte, soziale Fakten seien »Dinge« *(choses)*. Diese »ding«-ähnliche Qualität *(choseité)* der Gesellschaft macht in erster Linie ihre »bindende« Wirkung aus. Das deutsche Wort *Bindungen* bringt diesen Punkt deutlich zum Ausdruck: Man kann die Solidarität anderer Menschen, die Bindungen, die einen mit den anderen Menschen zusammenhalten, nicht ohne die Gebundenheit durch soziale Kontrolle des eigenen Lebens erhalten. Mit anderen Worten, ohne den Effekt der Eingebundenheit gibt es keine Bindung zwischen Menschen.

All dies hat einen zweiten, gleichermaßen wichtigen Aspekt. Die subjektive Erfahrung der Gesellschaft ist das Ergebnis der Sozialisation in jedem einzelnen Bewußtsein. Sozialisation läßt sich verstehen als ungeheuer machtvoller Prozeß, durch den die »objektiven« Strukturen der Gesellschaft »dort draußen« in das Bewußtsein internalisiert werden. Das »Dort draußen« wird zum »Hier drinnen«. Die Einzelheiten dieses Vorgangs können uns hier nicht beschäftigen. Der grundlegende theoretische Bezugsrahmen für das Verständnis dieses Prozesses im soziologischen Sinne ist immer noch im Werk von George Herbert Mead zu finden. Jeder einzelne kann als Ergebnis der Sozialisation und damit als Produkt seiner Gesellschaft angesehen werden, und dies erlaubt eine weitere täuschend einfache Aussage: Die Gesellschaft ist im Menschen. Diese Aussage bringt unter anderem die zweite Art und Weise zum Vorschein, in der der Mensch durch die Gesellschaft »gebunden« oder »begrenzt« ist: Die Gesellschaft errichtet in seinem Bewußtsein die geistigen Strukturen, durch die er die Welt – und sich – wahrnimmt. (Nebenbei sei gesagt, daß diese Behauptungen neutral sind hinsichtlich der Frage, ob es geistige Strukturen gibt, die der Sozialisation vorgelagert sind – zum Beispiel Sprachstrukturen. Wenn es solche Strukturen gibt, dann sind sie Elemente, die in den Sozialisationsprozeß eingehen – dessen »bindender« Effekt läßt sich dann immer noch in den oben verwandten allgemeinen Begriffen beschreiben.)

Soziologie als empirische Wissenschaft beschäftigt sich notwendigerweise mit den Kausalwirkungen dieser beiden Dimensionen der Gesellschaft, der äußeren und der inneren, auf menschliche Handlungen und Geschehnisse. Unvermeidlich erscheint die Soziologie so als »deterministische« Perspektive. Sie erklärt dieses oder jenes Handeln oder Geschehen im Sinne von Kausalketten, die sich sowohl im sozialen Kontext wie im sozialisierten Bewußtsein zeitlich nach rückwärts erstrecken. Diese »deterministische« Qualität der Soziologie führt bei den Leuten häufig zu einer feindseligen Haltung gegenüber der Disziplin. Ein Mensch beispielsweise mit strengen moralischen Überzeugungen hört es nicht gern, wenn man ihm sagt, diese Überzeugungen seien das Ergebnis seiner gesellschaftlichen Schicht. (Tun wir den Widerwillen dieser Menschen nicht zu schnell ab! Für ihre Gefühle gibt es eine Menge Rechtfertigungsgründe – ein Punkt, auf den wir zurückkommen werden.) Vor allem in Gesellschaften wie denen des modernen Westens, die großen Wert legen auf individuelle Autonomie und auf Institutionen, deren Aufgabe es ist, diese Autonomie zu schützen, kann die Soziologie leicht als eine Perspektive abgelehnt werden, die dazu angetan ist, diese Werte als Illusion zu entlarven; tatsächlich könnte die Soziologie sogar als Feindin der Freiheit betrachtet werden.

Ein gutes Beispiel für diesen »gegen die individuelle Freiheit gerichteten« Aspekt der Soziologie findet sich in den Debatten über das Wesen legaler Bestrafung. Die fundamentalen Rechtssysteme der westlichen Gesellschaft beruhen auf dem Konzept individueller Verantwortung (ein Konzept sowohl jüdisch-christlichen wie griechisch-römischen Ursprungs). Es kann wenig Zweifel daran bestehen, daß der Einfluß soziologischen Denkens auf Kriminologie, Strafrechtslehre und

Jurisprudenz das Konzept aufzuweichen droht: Wenn die Handlungen und selbst die inneren Motive eines Menschen im Sinne seines sozialen Kontexts und seiner Sozialisation erklärt werden können, wie kann man dann noch von seinem *Verantwortlichsein* für einen kriminellen Akt sprechen? Als Ergebnis solcher Überlegungen hat man sich zunehmend angewöhnt, legale Bestrafung in pragmatischem Sinne zu verstehen, als nicht verknüpft mit einem Konzept individueller Verantwortung. Es ist wichtig, daß man erkennt, wie sowohl konservative wie liberale Strafrechtstheorien in diesem Punkt völlig übereinstimmen, welche sonstigen Unterschiede zwischen ihnen auch bestehen mögen. So sind Abschreckung und Rehabilitation beides Ziel der Bestrafung, die kein Konzept individueller Verantwortung erfordert – wenn man will, kann beides ohne weiteres wie auf Menschen auch auf Ratten angewendet werden. So ist es ganz verständlich, daß viele Menschen das Gefühl haben, diese Art von soziologischem Determinismus untergrabe das moralische Fundament der westlichen Gesellschaften.

Es ist vielleicht nunmehr klar, daß die hier dargestellte Auffassung von soziologischer Methode eine solche Ansicht von der Soziologie ausschließt, das heißt, diese Art von Determinismus (eine positivistische) würde als *Fehl*anwendung der soziologischen Methode verstanden. Das ändert freilich nichts an der empirischen Tatsache, daß die Soziologie in der Tat weithin auf solche Weise falsch angewendet wird, und so hat man sich immer noch mit einem Berufsproblem herumzuplagen, selbst wenn man das Gefühl hat, das Methodenproblem sei zufriedenstellend gelöst.

Doch in der soziologischen Tradition gibt es eine weitere Linie, die dem oben genannten Determinismus sowohl explizit wie implizit widerspricht. Durch die ganze Geschichte der Disziplin zieht sich eine Unterströmung aus Unwillen, ja Empörung, über die Unterdrückung des einzelnen durch die Gesellschaft. Es ist sehr gut möglich, daß solcher Unwille, solche Empörung viele Menschen veranlaßt hat, überhaupt Soziologe zu werden, vor allem in Amerika. Diese »libertäre« Unterströmung stand aus den soeben erläuterten Gründen stets in einer gewissen Spannung zu den theoretischen Formulierungen der Soziologie und hatte immer Schwierigkeiten, sich theoretisch zu artikulieren. Ihre empirische Grundlage ist die einfache, aber ungeheuer wichtige Tatsache, daß einzelne Menschen in der Tat gegen die Gesellschaft rebellieren. Max Scheler legt großes Gewicht auf die Fähigkeit des Menschen, die Gesellschaft abzulehnen. Georg Simmel beschäftigte sich lange mit dem Paradox, daß der Mensch stets innerhalb wie außerhalb der Gesellschaft steht. George Herbert Mead analysierte die innere Dialektik zwischen dem, was er das »I«, als den Kern der Subjektivität, und das »me«, das sozialisierte Selbst, nannte, und natürlich setzt die gesamte Marxsche Tradition der Entfremdungstheorie einen Zustand potentieller Freiheit voraus, *von dem* spezifische Sozialstrukturen den Menschen entfremdet haben. Menschen haben die Möglichkeit, gegen die Gesellschaft zu rebellieren; folglich ist das Netzwerk sozialer Kontrollen nicht perfekt. Und Menschen haben die Möglichkeit, wahrhaft neue Gedanken zu denken; folglich ist die Sozialisation niemals vollkommen.

An diesem Punkt geht die soziologische Theorie erneut in die philosophische Anthropologie über, ein Bereich, in den wir uns hier nicht weiter vorwagen können. Es muß der Hinweis genügen, daß hier und nicht in der Soziologie die Antworten auf das Paradox Determinismus/Freiheit in der menschlichen Conditio gesucht werden müssen. Wir möchten behaupten, daß die jüngste Humanbiologie, vor allem wie Helmut Plessner und Arnold Gehlen sie philosophisch interpretiert haben, bei diesem Unternehmen behilflich sein kann. *Homo sapiens* nimmt im Königreich der Tiere eine Sonderstellung ein, und dies ist die Grundbedingung seiner Fähigkeit, die Welt abzulehnen. Plessner hat dies die »Exzentrizität« des Menschen genannt, die sich bereits im biologischen Bauplan der Spezies finden lasse – der Mensch ist nicht »gegeben«, in der Art und Weise wie jedes andere Lebewesen, sondern muß sich ständig »selbst vollenden«. In dieser »Unausgewogenheit« von Sein und Handeln bietet die biologische Verfassung des Menschen Raum für die Möglichkeit von Freiheit. Mead behandelte ziemlich genau das gleiche Thema, als er die eigentümliche Tatsache erörterte, daß der Mensch sich sowohl Subjekt wie Objekt ist. Wenn diese Auffassungen Erkenntniswert haben, dann möchten wir annehmen, daß es sich immer so verhalten hat, seit der *Homo sapiens* im Evolutionsprozeß auftauchte. Das heißt, die Fähigkeit zur Freiheit ist ein inhärenter und universaler menschlicher Wesenszug. Doch in der westlichen Kultur, die in der Aufklärung einen gewissen philosophischen und politischen Höhepunkt erreichte, ist dieser spezifische menschliche Wesenszug zu einem zentralen, gelegentlich *dem* zentralen, Element der Humanität erhoben worden. Die Geschichte der Soziologie ist tief verstrickt in diese philosophische und politische Revolution.

Ein minimales philosophisches Freiheitskonzept geht davon aus, daß der menschliche Wille das System der Determination, in dem der Mensch sich vorfindet, im wesentlichen oder in bestimmten Handlungen transzendieren kann. Einem früheren philosophischen Sprachgebrauch zufolge haben zumindest bestimmte menschliche Handlungen ihren Grund in sich selbst und können daher nicht durch vorgängige Kausalketten erklärt werden. Mit anderen Worten heißt dies, daß Menschen, anders als alle anderen Wesen in der empirischen Welt (abgesehen von den vermeintlichen Sondereigenschaften der Götter und Engel), in der Lage sind, wahrhaft *neue* Dinge zu tun und zu denken. Diese Fähigkeit ist notwendig verbunden mit der Fähigkeit, nein zu sagen – sei es zu übernatürlichen Mächten, zu den Naturkräften, zu seinem eigenen Körper und natürlich zu allen Aspekten der Gesellschaft. Der Mensch kann nur frei sein, indem er die verschiedenen Systeme der Determination, in denen er sich vorfindet oder in die er (um es in der Sprache des Existentialismus zu sagen) geworfen ist, ablehnt, sie negiert. Die Freiheit des Menschen ergibt nur dann einen Sinn, wenn sie diese Transzendenz der Kausalitäten impliziert.

An dieser Stelle müssen wir auf einen außerordentlich wichtigen Punkt hinweisen (philosophisch gesehen, liegt er in den Einsichten Immanuel Kants begründet): *Die Freiheit des Menschen ist nicht irgendeine Art Loch im Gebäude der Kausalität.* Anders gesagt, *dieselbe Handlung, die man als frei ansehen mag, kann auch und zur gleichen Zeit als kausalgebunden aufgefaßt werden.* In solchen Fällen sind zwei unterschiedliche Wahrnehmungen beteiligt, wobei die erstere auf das subjektive Selbstverständnis des Menschen, frei zu sein, achtet, die letztere hingegen auf die verschiedenen Systeme der Determination. Die beiden Wahrnehmungen sind nicht logisch widersprüchlich, doch sie sind scharf voneinander geschieden. Sowohl auf der Ebene des gewöhnlichen Alltagsbewußtseins wie auf der Ebene theoretischer Reflexion sind zwei voneinander abgehobene Relevanzstrukturen im Spiel, die beide auf die *gleichen* Phänomene anwendbar sind. Gewiß, die Relevanzstruktur jeder empirischen Wissenschaft beschränkt sich auf Wahrnehmungen kausaler Determination. Folglich gilt: *Freiheit kann durch die Methoden einer empirischen Wissenschaft, die Soziologie nachdrücklichst eingeschlossen, nicht zum Vorschein gebracht werden.* Aus diesem Grunde wäre es ein unmögliches Unterfangen, eine Art von Soziologie zu entwickeln, die die Kategorie der Freiheit selbst in ihrem minimalen philosophischen Sinne in sich aufnehmen würde. Es *ist* möglich, darauf zu bestehen, wie wir es in früheren Kapiteln getan haben, daß die Perspektive der Soziologie wie jeder anderen empirischen Wissenschaft stets *unvollständig* ist und daß andere Perspektiven möglich sind – einschließlich der Perspektive, die die Menschen als frei handelnd erkennen läßt.

Die ganze menschliche Geschichte hindurch hat es Handlungen gegeben, die nach Auffassung sowohl der Handelnden wie der Beobachter ein *Novum* konstituieren. Nach Jahrhunderten geduldig ertragener Sklaverei taucht beispielsweise ein Führer auf, der die Sklaven dazu bringt, sich in Rebellion zu erheben. Nach Jahrhunderten eines demütigen Jas zur Sklaverei wird plötzlich ein grimmiges Nein laut. Nehmen wir an, daß die Sklaven, die sich an der Rebellion beteiligen, sie tatsächlich als neuen Ausdruck ihrer Freiheit, ja selbst als Entdeckung ihrer Freiheit erleben. Wie nimmt sich dieses Ereignis in der Perspektive empirischer Wissenschaften aus? Wenn sich der Soziologe, oder auch jeder andere Sozialwissenschaftler, an die oben skizzierte Methode der Interpretation hält, wird er natürlich das Selbstverständnis der rebellierenden Sklaven beachten müssen. Das heißt, er muß sich mit »Freiheit« als einer Kategorie in ihrem Bewußtsein beschäftigen. Doch er kann das nur in Anführungsstrichen oder in phänomenologischen Klammern; *als* Soziologe kann er keine philosophischen Aussagen machen, die ihrem Glauben, daß sie ihre Freiheit zum Ausdruck bringen, einen ontologischen Status einräumen. In der Tat, als Soziologe ist er verpflichtet, im sozialen Kontext und in der Sozialisation dieser Menschen nach früheren Gründen für diesen Glauben zu forschen. So stößt er vielleicht auf diesen oder jenen Riß im früheren Netzwerk sozialer Kontrollen – Änderungen der ökonomischen Bedingungen, Konflikte innerhalb der Sklavenhalter-Klasse, ausländische Invasionen, der Einfluß fremder Ideen usw. Mit anderen Worten, der Soziologe muß nach Gründen ausschauen, die diesem neuen Glauben an die Freiheit zugrunde liegen. *Mutatis mutandis* gilt dies auch für andere empirische Wissenschaften. So wird der Psychologe nach Gründen in den Kindheitserlebnissen des Rebellenführers suchen, oder der Biologe mag nach Auswirkungen forschen, die eine kurz vor der Rebellion eingeführte neue Diät auf den menschlichen Organismus hat. Überall lassen sich also Kausalketten und -determinanten finden. Es wäre ein fundamentaler methodologischer Irrtum, in den Lücken, die immer in dem Gewebe kausaler Erklärungen übrigbleiben, nach Freiheit Ausschau zu halten. Vielmehr muß die Freiheit der Rebellen, so sie denn existiert, in der*selben* Realität bestehen, die *auch* Gegenstand der verschiedenen Kausalerklärungen ist. Wenn irgendein Wissenschaftler jemals dem Rebellenführer von Angesicht zu Ange-

sicht gegenüberstünde, würde er ihm sicherlich *nicht* sagen: »Meine
Wissenschaft beweist Ihre Freiheit«; doch er kann *auch nicht* erklären:
»Ihr Freiheitsgefühl ist eine Illusion.«

Was also hier, wie bereits gesagt, zur Diskussion steht, ist die Beziehung verschiedener Relevanzstrukturen. Jede Aussage über menschliche Freiheit bedingt einen Übergang von der Wissenschaft zu einer
anderen Gesprächswelt, sei es über subjektive Erfahrung, Glaube oder
Vernunft. Für die Soziologie speziell gibt es keine Möglichkeit der
Beschäftigung mit menschlicher Realität außer im Rahmen von Systemen *sozialer* Determination (im Gegensatz etwa zu Systemen psychologischer oder biologischer Determination) – doch der Rahmen ist in
der Tat ein Rahmen sozialer *Determination*. Gleichzeitig wird der
Soziologe, der die Grenzen seiner Methode kennt, darauf bedacht sein,
anderen und sich selbst gegenüber festzustellen, daß diese Methode
nicht dazu verwandt werden kann, der Freiheitskategorie die ontologische Validität abzusprechen.

Es gibt zwei Möglichkeiten für die Soziologie *als* Soziologie, mit der
Freiheit umzugehen. Die erste besteht natürlich darin, den *Glauben*
von Menschen an die Freiheit zu interpretieren und den sozialen Kontext sowie die sozialen Konsequenzen dieses Glaubens zu analysieren.
Diese Methode ist weiter oben ziemlich ausführlich erörtert worden,
so daß hier keine weiteren Anmerkungen notwendig sein sollten. Dieser methodische Zugang ist, grob gesprochen, der Zugang der Wissenssoziologie. Doch es gibt noch einen zweiten Ansatz, und der konzentriert sich auf den äußeren Handlungsrahmen, das Setting, und die
objektiven Handlungszwänge, die auf dem Freiheitsglauben beruhen.
Bei diesem methodischen Ansatz kann der Freiheitsbegriff in ein Konzept übersetzt werden, das empirisch zugänglich ist – nämlich das
Konzept der *Optionen*, der Wahlmöglichkeiten. Die Soziologie ist
vollauf in der Lage, die Spanne der Optionen oder Wahlmöglichkeiten
in einer spezifischen sozialen Situation zu analysieren. So ist es beim
Vergleich von Herren und Sklaven soziologisch möglich aufzuzeigen,
daß die Herren weit mehr Optionen haben als die Sklaven und daß sie
in diesem Sinne mehr Freiheit besitzen als die Sklaven. Unter der
Annahme, daß die Sklavenrebellion erfolgreich war, kann der Soziologe in gleicher Weise und stichhaltig erklären, daß die Rebellen ihren
Freiheitsraum vergrößert haben. Desgleichen können verschiedene
Massengesellschaften im Sinne ihrer Optionsspanne miteinander verglichen werden. So ergibt es Sinn, wenn man erklärt, daß die Modernisierung eine Optionsausweitung mit sich gebracht hat und daß daher

moderne Gesellschaften freier sind als traditionelle. Doch es muß mit Nachdruck betont werden, daß beide methodischen Ansätze wertfrei in dem oben erörterten Sinne sind, das heißt, die Soziologie hat keine Möglichkeit zu beurteilen, ob eine größere Optionsspanne »besser« oder »menschlicher« ist als eine engere. Auch muß darauf hingewiesen werden, daß keiner der beiden Ansätze sich mit Freiheit als ontologischer Kategorie der menschlichen Natur oder der menschlichen Conditio beschäftigen kann. Das heißt, die Soziologie kann weder eine ethische noch eine philosophische Freiheitslehre beisteuern.

In der westlichen Tradition ist zunächst Vernunft (seit den Griechen) und dann Wissenschaft (seit Anbruch des modernen Zeitalters) als Instrument menschlicher Befreiung angesehen worden. Dem lag stets die Idee zugrunde, daß Erkenntnis der Determinationen das Reich der Freiheit aufschließt. Diesen Gedanken formuliert in klassischer Weise die Lehre der Stoa, die davon ausgeht, daß die Freiheit des einzelnen auf seiner Fähigkeit beruht zu unterscheiden zwischen dem, was er tun kann, und dem, was er nicht tun kann. Im Falle des Sklaven kann es durchaus sein, daß der einzige von ihm durch Reflexion erschlossene Freiheitsraum ein innerer, subjektiver ist – der Körper mag in Fesseln liegen, doch der Geist kann in die Freiheit entschweben. Doch Vernunft und Wissenschaft können auch Determinationssysteme aufdekken, die der aktiven Intervention zugänglich sind. So kann der Sklave die sozialen Bedingungen seiner Versklavung »wissenschaftlich« untersuchen und von daher eine Rebellionsstrategie mit einer vernünftigen Erfolgschance ausarbeiten. Das Motto solcher Art intellektuellen Unternehmens war stets: »Erkenne deinen Unterdrücker!« Das in dieser Hinsicht am weitesten entwickelte moderne Beispiel ist der als »Wissenschaft der Befreiung« verstandene Marxismus.

Dieses Verständnis des Befreiungspotentials von Soziologie ist seit Beginn der Disziplin vorhanden. Auguste Comte betrachtete alle Wissenschaft in dieser Weise, vor allem die Soziologie in der ihr zugeschriebenen Rolle als Königin der Wissenschaften. Ein ständiges Thema dieser Art findet sich in der Spätform der französischen Soziologie, einschließlich der Schule Durkheims. Es ist kein Zufall, daß Durkheim nach der 1905 vollzogenen Trennung von Kirche und Staat in Frankreich aufgefordert wurde, für die öffentlichen Schulen, aus denen der Religionsunterricht soeben verbannt worden war, ein Lehrbuch über Bürgermoral – eine Art republikanischen Katechismus oder, wenn man will, einen Katechismus der Freiheit – zu schreiben! In abgemilderter, weniger messianischer Form ist diese Vorstellung von Soziologie als Befreiungsdisziplin in der Geschichte der amerikanischen Soziologie höchst präsent gewesen, und sie war verbunden mit sozialen Reformen, denen die Absicht zugrunde lag, die Wohltaten der amerikanischen Demokratie zu verbreiten. Und natürlich ist dieses Thema immer dort höchst akut, wo die Soziologie unter dem Einfluß des Marxismus steht (genauer, unter dem Einfluß des Marxismus als revolutionärer Ideologie – es versteht sich von selbst, daß das Thema eine andere Qualität annimmt, wenn der Marxismus zur Ideologie des Status quo sozialistischer Regime wird; doch auch dort wird, in welch lockerer Beziehung zu den empirischen Realitäten auch immer, zumindest ein Lippenbekenntnis zu der Idee vom Marxismus als Lehrer menschlicher Befreiung abgegeben).

In der heutigen Soziologie nimmt das freiheitsorientierte oder »emanzipatorische« Selbstverständnis der Soziologie unterschiedliche Formen an. Es ist immer dort vorhanden, wo Soziologie mit der Propagierung sozialistischer Revolution einhergeht, unabhängig davon, ob diese Verbindung in eigentlich marxistischen oder eher eklektischen theoretischen Formen auftritt. Die Soziologie ist auch Verbindungen mit mehr individualistischen, weniger politischen Befreiungsprogrammen eingegangen, und in solchen Fällen hat sie sich häufig existentialistischer Gedanken und Konzepte bedient. Man kann hier an die verschiedenen *rapprochements* zwischen Soziologie und Gegenkultur denken. Der soziologische Feminismus in den verschiedenen Formen hat quer durch individuelle und kollektive Befreiungsprogramme Anleihen genommen. Das gleiche Überlappen von privaten und politischen Belangen läßt sich bei Soziologen beobachten, die sich der Rassenemanzipation widmen, vor allem bei schwarzen Soziologen in Amerika. Schließlich wird Soziologie als »Befreiungswissen« in verschiedenen Teilen der Dritten Welt eingesetzt. Unsere Auffassung der soziologischen Methode, dies dürfte nunmehr klar sein, erlaubt keine Verbindung der Disziplin mit *irgendeiner* Befreiungslehre, und in diesem Maße müssen wir gegenüber bestimmten methodologischen Positionen, die in den oben genannten Bewegungen eingenommen werden, kritisch sein. Natürlich müssen wir gegenüber jeder methodologischen Position besonders kritisch sein, die sich für immun hält gegen die Relativitäten der Geschichte – gleichgültig, ob die vermeintliche kognitive Elite gleichgesetzt wird mit Frauen (oder Frauen mit dem »richtigen« Bewußtsein), Schwarzen, Mitgliedern einer Unterschicht in der Dritten Welt, mit Menschen, die sich einer bestimmten Form psychotherapeutischer Erfahrung unterzogen haben, oder Mitgliedern der »wahren« Gruppierung innerhalb des Kommunismus. Wissenschaft ist universalistisch, oder sie ist überhaupt keine Wissenschaft, und wenn eine wissenschaftliche Methode teilhat an dieser universalistischen Qualität, kann man niemals behaupten, nur Frauen könnten Frauen studieren, nur Schwarze könnten Schwarze wissenschaftlich erforschen oder nur Angehörige dieses oder jenes kommunistischen Kaders könnten die politische Realität verstehen. Wie dem auch sei, diese verschiedenen an der Befreiung orientierten Verwendungsweisen der Soziologie kann man nicht schlicht und einfach als im Irrtum befangen abtun. In der beabsichtigten Verbindung von Soziologie und Befreiung lassen sich stichhaltige Elemente erkennen, und diese Elemente müssen kritisch geprüft werden.

In der Beziehung von Wissenschaft und Befreiungsideal wird ein seltsames Paradox sichtbar. Historisch gesehen, ist Wissenschaft in ihrer westlichen Ausprägung als Instrument der Freiheit angesehen worden, und es kann nicht bestritten werden, daß Wissenschaft viele Menschen von verschiedenen Formen der »Beschränktheit« befreit hat, für die aus wissenschaftlicher Perspektive »Aberglaube« verantwortlich war. Man sollte dieses Befreiungspotential nicht geringschätzen, um sich kritisch mit einigen übertriebeneren Forderungen zugunsten der Wissenschaft auseinandersetzen zu können. Zum Beispiel fällt es schwer, eine Entwicklung nicht anzuerkennen, die dazu führte, daß Rinderkrankheiten einer bakteriell bedingten Infektion zugeschrieben werden und nicht böser Magie durch eine arme alte Frau, die als Hexe galt. Doch ganz abgesehen davon, daß Wissenschaft die Menschen von »Aberglauben« befreit, sie hat durch die von ihr verliehene ungeheure Macht über die Umwelt und über den menschlichen Körper noch größere Freiheit mit sich gebracht. Befreiung von Schmerz, Hunger, Kälte, mühseliger Arbeit und frühem Tod – wo immer sich dies in der modernen Welt ereignet hat, kann es fast immer, direkt oder indirekt, auf die Macht der Wissenschaft zurückgeführt werden. Die Liste solcher Befreiungen könnte sich erheblich ausweiten lassen. Doch paradoxerweise hat die Wissenschaft selbst Institutionen, Gedankensysteme und schließlich sozialpolitische Programme hervorgebracht, die den Menschen sogar noch mehr binden als der »Aberglaube«, an dessen Stelle sie sich gesetzt haben.
Es kann hier nicht unsere Aufgabe sein, der Frage (von Ökologen seit kurzem mit Nachdruck gestellt) nachzugehen, inwieweit die moderne Zivilisation durch ihre wissenschaftlich-technologischen Institutionen

die Wahlmöglichkeiten in einer für die Freiheit gefährlichen Weise *reduziert* hat – etwa in ihrer »Abhängigkeit« von Produktionsweise und Lebensstilen, die große Mengen an Energie verbrauchen. Auch können wir der Frage nicht nachgehen, in welchem Maße das Verschwinden von Hexen gekoppelt ist an das Verschwinden von Heiligen, und auch nicht der Frage, ob diese Entwicklung für die Menschheit einen Nettogewinn oder Nettoverlust darstellt (immerhin halten manche Hingabe, Selbstopfer und Liebe für Aberglaube). Doch das Paradox ist auch in dem Bereich, der uns hier unmittelbar beschäftigt, deutlich sichtbar, nämlich im Bereich der Beziehung von sozialem Denken zur Freiheit. Ganz zu Beginn der Soziologie als Disziplin steht das Denken von Auguste Comte, hervorgegangen aus der von Saint-Simon ins Leben gerufenen Bewegung und Träger eines Freiheitsideals, das verknüpft ist mit einem sozialpolitischen Programm, das J. L. Talmon zutreffend als »totale Demokratie« bezeichnet – das ganze menschliche Leben soll der (vermeintlich menschenfreundlichen) Diktatur einer Elite von Wissenschaftlern unterworfen sein. Der gleiche antilibertäre Schub ist bis auf den heutigen Tag jedem sozialpolitischen Ideal einer wissenschaftlich neugeordneten Gesellschaft zutiefst eigen, und zwar aus einem sehr einfachen Grund: Wenn die Wissenschaft das Höchste ist, dann haben Wissenschaftler gegenüber gewöhnlichen Leuten einen privilegierten Status; dann ist die rationale Folgerung, den Wissenschaftlern als Gruppe (wie immer organisiert) größere politische Macht zu geben als den gewöhnlichen Menschen. Mit anderen Worten, den mit höherem wissenschaftlichen Wissen ausgestatteten Menschen sollte auch größere Macht in der Gesellschaft überantwortet werden: *Die kognitive Elite wird zur politischen Elite.* Die Entwicklung des Marxismus von einer Revolutionsideologie zu einer Ideologie der Diktatur ist natürlich ein äußerst wichtiges Beispiel für diese Entwicklung, nämlich von Marx' »wissenschaftlichem Sozialismus« zu Lenins »Avantgarde«: Wenn der Sozialismus auf Wissenschaft beruht, dann müssen die vermeintlichen Wissenschaftler an den Schalthebeln sitzen – die »Avantgarde« (in diesem Fall mit der Kommunistischen Partei identisch) ist vor allem eine *kognitive* Elite, die dann ganz logisch in eine mit diktatorischer Macht ausgestattete politische Elite transformiert wird. Man kann zumindest sagen, daß das sozialpolitische Ideal der Befreiung durch Wissenschaft eine eingebaute antidemokratische Tendenz hat.

In all diesen Entwicklungen erkennt man ein allgemeines Schema –: von einem totalistischen Wissenschaftsbegriff zur totalitären sozialen

Manipulation. Trotz ihrer großen Unterschiede haben Positivismus und Marxismus dieses Schema gemeinsam. Im Falle des Positivismus neigt die Freiheit dazu, in Rationalität aufzugehen (kann sogar als Illusion verstanden werden); das heißt, wenn Freiheit überhaupt etwas bedeutet, dann heißt das, so rational wie möglich zu leben und die Gesellschaft in Einklang mit rationalen Prinzipien neu zu ordnen. Im Falle des Marxismus wird Freiheit zu einer eschatologischen Hoffnung – zum »Sprung in die Freiheit«, der mit der Revolution und der Erreichung des wahren Kommunismus einhergeht –, doch *in der Zwischenzeit* ergibt Freiheit keinen Sinn, es sei denn als Schritt in Richtung des höchsten Gipfels. Die praktischen Konsequenzen beider Positionen sind bemerkenswert ähnlich, so daß es nicht überrascht, wenn positivistische und marxistische Vorstellungen von Rationalität in der offiziellen Ideologie des Sowjetregimes auf kunstvolle Weise eine Synthese eingegangen sind – die »Pawlowsche« Synthese, wenn man will (es spielt hier keine Rolle, daß diese Synthese den Intentionen von Marx genausoviel Gewalt antut wie dem empirischen Wissenschaftskanon).

In der modernen Gesellschaft bestehen legitime Interessen tatsächlicher oder aufstrebender »herrschender Klassen«, die eine solche Verwendung von Wissenschaft plausibel machen. Die Frage, wie die Freiheit gewöhnlicher Leute gegen die diktatorischen Ambitionen dieser kognitiven Eliten (von »wissenschaftlichen« Sozialarbeitern bis hin zu »wissenschaftlichen« Revolutionären) durchgesetzt werden kann, ist eines der vorrangigsten Probleme der modernen Gesellschaften; die Zukunft der Demokratie hängt von einer Lösung dieses Problems ab. Es hat intellektuelle Wurzeln, und die Ansprüche all dieser vermeintlichen Eliten lassen sich auf der intellektuellen Ebene kritisieren.

Darum hat die hier erörterte Auffassung von der wissenschaftlichen Methode (spezifisch der Methode in den Wissenschaften, die sich mit der menschlichen Realität befassen) höchst unmittelbare politische Implikationen. Wie ein totalistisches Verständnis von Wissenschaft einem totalitären Umgang mit politischer Macht vorausgeht, so führt *ein nicht-totalistisches*, »bescheidenes« Verständnis von Wissenschaft zur Demokratie. Anders gesagt, *wenn man Wissenschaft als eine partielle, »aspekthafte« Annäherung an die menschliche Realität versteht, kann man dem Wissenschaftler niemals den Status einer kognitiven Elite einräumen – und folglich wird sowohl den kognitiven wie den politischen Rechten der gewöhnlichen Menschen der Respekt gezollt, der zum Wesen der Demokratie gehört.*

Auf der Ebene der philosophischen Anthropologie besteht ein weiterer Einwand gegen solchen Mißbrauch von Wissenschaft, nämlich in eben der nicht-totalistischen Auffassung vom Menschen. Wenn man den Menschen als ein Wesen versteht, das zutiefst »exzentrisch« ist – um noch einmal Helmut Plessners Begriff zu benutzen –, das gleichzeitig innerhalb und außerhalb der Gesellschaft steht und somit über die Fähigkeit verfügt, sich *gegen* die Gesellschaft zu wenden, dann ist es auch aus diesen Gründen undenkbar, das menschliche Verhalten mit Hilfe der Wissenschaft einer vollständigen rationalen Kontrolle zu unterwerfen. Doch dieses Thema können wir hier nicht weiter verfolgen.

Auf der heutigen Szene begegnen uns zwei Hauptarten der »freiheitsorientierten« Forderung an die Soziologie, eine individuelle, die andere politischer Natur. Das heißt, die Soziologie wird als Instrument zur Befreiung von Individuen vor allem in ihrem Privatleben verstanden; oder die Soziologie soll Werkzeug für diesen oder jenen politischen Kampf um mehr Freiheit für die Gesellschaft insgesamt sein. Es gibt natürlich Mischformen, von denen das Bemühen um individuelle und um kollektive Freiheit als untereinander verknüpft angesehen wird.

Betrachten wir zunächst die individuelle Form. Sie ist inniger Bestandteil eines weit verbreiteteren Phänomens in den westlichen Kulturen, nämlich des Bemühens um persönliche Selbstverwirklichung. Sehr häufig in die Terminologie und die Konzepte gekleidet, die der Psychoanalyse entlehnt sind (oder genauer dem »linken« oder optimistischeren Flügel der psychoanalytischen Bewegung), hat sich eine Auffassung breitgemacht, die die Gesellschaft als »repressiv« gegenüber der »gesunden« Existenz ansieht. Befreiung heißt dann, zunächst die falschen Gedanken zu durchschauen, auf denen die Repression beruht, und sodann die Repression im aktuellen Leben abzuwerfen. Getreu der klassischen Freudschen Fixierung an die Sexualität (wenngleich nicht mehr verhaftet an den Wiener Pessimismus der orthodoxen Freudianer), versteht man in diesem Lager sowohl Repression wie Befreiung sehr häufig als sich in erster Linie beziehend auf den sexuellen Ausdruck, und dies ist auch der Grund, warum diese Art von Befreiungsstreben in enger Beziehung steht zu der sogenannten sexuellen Revolution in den letzten Jahrzehnten. Die Gesellschaft, und besonders die westliche, hat angeblich den gesunden sexuellen Ausdruck dadurch unterdrückt, daß sie dem Geist ihrer Angehörigen eine Vielzahl von Täuschungen eingepflanzt hat. Diese Täuschungen müssen entlarvt werden, und solcher Einsicht soll dann eine neue Praxis sexueller Freiheit auf dem Fuß folgen. Doch die Formel »Repression – Einsicht –Befreiung« ist keineswegs nur auf die Sexualität beschränkt (wie es in der Tat auch bei der Freudschen Orthodoxie durchaus nicht der Fall war). Sie gilt vielmehr für alle Lebensbereiche des einzelnen – für interpersonale Beziehungen aller Art, Kindererziehung, Einstellungen zu Beruf und Karriere, die Beschäftigung mit jeglicher Art privater »Dinge« (von Hobbys bis zu religiösen Experimenten). Logischerweise besteht die Aufgabe, die mit dieser Formel der Soziologie zugeschrieben wird, in der Rolle einer Vermittlerin von »Einsicht«. Mit anderen Worten, Soziologie besteht in Einklang mit ihrer entlarvenden oder demaskierenden Tradition darin, die verzerrenden Gedanken (das »falsche Bewußtsein«, wenn man will) zu durchbrechen, die zuvor die Repressionen im Leben des einzelnen legitimierten, und auf diese Weise eine Einsichtserfahrung zu vermitteln, die auf der Ebene des aktuellen Lebens (oder auch der »Praxis«) das Vorspiel zur Befreiung darstellt. Es braucht nicht betont zu werden, daß hier eine enge Verbindung besteht zwischen theoretischer Einsicht und praktischer Anwendung – eine »Einheit von Theorie und Praxis«, doch nicht im marxistischen Sinne, sondern in einem quasi-Freudschen. Genauer gesagt, Soziologie ermöglicht es dem einzelnen, jene gesellschaftlichen Strukturen, die ihm zuvor als selbstverständlich erschienen – als unvermeidbar, unwandelbar, »hart« –, als künstlich und daher als veränderbar wahrzunehmen. Anders formuliert, Soziologie enthüllt die »Weichheit« der sozialen Strukturen und gestattet es mithin dem einzelnen, aus diesen Strukturen »herauszutreten« – zunächst im Geist, sodann im Handeln. Man kann dies »Heraustreten« auch als »Ekstase« bezeichnen – *ekstasis,* »draußen stehen«/»nach draußen treten«.

Ein wichtiges Konzept all dessen ist das der *Rolle* – ein Konzept von zentraler Bedeutung natürlich in der amerikanischen Soziologie und Sozialpsychologie. Rolle wird hier ganz richtig verstanden als das soziale Prägen oder Programmieren der menschlichen Aktivität. Dieses Konzept ist völlig logisch mit dem der Repression verknüpft: Es gehört als wesentlicher Bestandteil zur repressiven Struktur der Gesellschaft, daß die Individuen so sozialisiert werden, daß sie automatisch, ohne nachzudenken, den sozial vorgeschriebenen Mustern oder Programmen folgen – so daß sie »ihre Rollen spielen«. Die Soziologie analysiert diese Rollen und entlarvt ihren »konstruierten« Cha-

rakter. Diese Einsicht hat eine praktische Folgerung: Was konstruiert
worden ist, kann *neu* konstruiert – oder, nebenbei, abgelegt und abgetan werden. Wenn diese Einsicht auf eine Rolle angewandt wird, die
der einzelne unter Umständen seit seiner frühen Kindheit gespielt hat,
dann kann sie eine blendende, erschütternde Wirkung haben – eine
»ekstatische« im vollen quasi-religiösen Wortsinne. Und es ist keine
Frage, daß diese »ekstatische« Einsicht und die befreiten Handlungen,
die ihr folgen mögen, von dem einzelnen als eine große Befreiung
erlebt werden. Theoretisch formuliert, als Ziel erscheint nun die »rol-
lenfreie« Existenz – zum wenigsten in nur einem besonderen Lebensbereich und maximal im gesamten Leben. In seiner maximalen Version
ist das Ziel von erlösender Natur – ein »Sprung in die Freiheit«, der die
Beziehung des einzelnen zu sich selbst, zu den anderen und zu der
Welt transformiert. Bei einigen bedeutsamen Varianten dieses »Sprunges« wird sogar angenommen, daß dieses Konversionserlebnis den
körperlichen Gesundheitszustand zu beeinflussen vermag.
Lassen Sie uns zu einem früheren Beispiel zurückkehren: Viele Seiten
weiter oben haben wir unsere junge Soziologin verlassen, wie sie über
die an sie herangetragene Einladung zu einer Orgie in einem Tagungshotel nachdachte. Wir haben sie in dieser unangenehmen Verfassung
zurückgelassen und sie gezwungen, mit uns endlose Überlegungen
über orgiastisch irrelevante Fragen der Methodologie anzustellen. Lassen Sie uns jetzt unsere Phantasie befreien, und auch sie, die Soziologin, und geben uns zu diesem Zweck einem Akt wahrer Ekstase
hin: *Lassen wir sie zu guter Letzt die Einladung annehmen!* Sie folgt
also ihren Kollegen in das nunmehr mythische vierzehnte Stockwerk,
sie betritt den Raum, wo hinter der hotelüblich grünen Zimmertür von
höflicher Anonymität die unaussprechlichen Freveltaten an der bürgerlichen Moral begangen werden. Sie tritt näher, atmet schwer, beteiligt sich. Da sinnliches Interesse (vielleicht bedauerlicherweise) für
unsere Relevanzstruktur nur von marginaler Bedeutung ist, versagen
wir uns an diesem Punkt eine ins einzelne gehende Beschreibung dessen, was unsere frisch befreite junge Frau aus Minnesota für die nächste oder auch die zwei nächsten Stunden tut. Es genügt, wenn wir
festhalten, daß alle paar Minuten ein weiteres altes Tabu gebrochen
und ein neuer Weg in die Freiheit beschritten wurde. Wir müssen
natürlich davon ausgehen, daß sie im Verlauf dieser ekstatischen
Erlebnisse ihren Standpunkt als distanzierte Beobachterin aufgab.
Zusammen mit ihren Kleidern und ihrer vom amerikanischen Mittelwesten geprägten Moral wurde auch die Soziologie ekstatisch beiseite

geworfen. Doch wir müssen hier einen strategisch wichtigen Punkt hervorheben: *Die Soziologie hat sie auf all dies vorbereitet.*

Wie das? Nun, auf genau die Art und Weise, die wir soeben skizziert haben. In vielen Stunden des Hörens von Vorlesungen, der Lektüre von Büchern und Artikeln und Verfassens von Seminararbeiten ist unsere junge Soziologin darüber informiert worden, daß »sexuelle Sitten« spezifische Rollen darstellen, die durch spezifische Sozialisationsprozesse in spezifischen Gesellschaften eingeschliffen werden. Wie gut erinnert sie sich daran, daß sie in ihrem soziologischen Einführungskurs als eines der ersten Dinge erfuhr, das »Dictum des Thomas« laute: »Wenn Leute eine Situation als real definieren, dann ist sie in ihren Konsequenzen real.« Was auf die eine Weise definiert worden ist, kann auf die andere Weise neu definiert werden. In der Tat, wenn wir uns vorstellen wollen, daß die andere Soziologin, nämlich diejenige, von der die Einladung zur Orgie ausging, einige Mühe in die Überredung investieren mußte, dann können wir uns sicherlich auch vorstellen, daß sie sich der soziologischen Sprache bediente, um der Kollegin zu erklären, daß ihr Zögern irrational sei. Und genau darum ist ein Soziologe (oder zumindest jemand, der einige Kurse in Soziologie hinter sich hat) für die Einladung zu einer Orgie mit großer Wahrscheinlichkeit besser geeignet als jemand, der sich dieser besonderen Einführung in die Relativität nicht unterzogen hat.

Wir behaupten also, daß die Soziologie unsere Freundin (sicher können wir sie nunmehr so nennen) tatsächlich auf ihre erste Orgie vorbereitet hat. Lassen Sie uns ferner annehmen, daß dieses Erlebnis in der Tat, wie angekündigt, sowohl ekstatisch wie befreiend war. Wenn sie nun von Kalifornien nach Haus zurückkehrt, dann kann man sich unschwer vorstellen, daß dieses Erlebnis ein Durchbruch mit dauernden Konsequenzen zumindest für den Sexualbereich war. Das heißt, unsere Soziologin übernimmt nun einen befreiten (oder zumindest einen befreiteren) sexuellen Lebensstil, wenn schon nichts anderes. Doch man kann sich auch vorstellen, daß sie nun, nachdem sie die alten Rollen in diesem Bereich abgelegt hat, die alten Rollen in anderen Lebensbereichen ebenfalls durchbricht. Sie kleidet sich anders, geht nicht mehr zur Kirche, ändert ihre politischen Meinungen, kümmert sich weniger um ihre berufliche Karriere, widmet sich neuen künstlerischen Interessen. Und es kann durchaus sein, daß sie auch diese Innovationen als Befreiung erlebt. Wenn es weit kommt, kümmert sie sich nicht nur weniger oder überhaupt nicht mehr um ihre Karriere, sondern gibt sie sogar ganz auf. Wir wollen sie hier erneut verlassen –

als Ex-Puritanerin, Ex-Protestantin, Ex-Soziologin – und uns vorstellen, daß sie sich vielleicht glücklich in einer Landkommune herumtreibt oder womöglich die ersten Schritte in Richtung einer neuen Berufskarriere als leitende Angestellte eines Wirtschaftsunternehmens unternimmt (wobei wir, ohne uns länger dabei aufzuhalten, nur auf der empirischen Möglichkeit bestehen, daß es existentiell befreite leitende Angestellte in Wirtschaftsunternehmen gibt).

All dies läuft darauf hinaus, daß es gute Gründe gibt zu erklären, die Soziologie könne in der Tat befreiend in dem hier gemeinten Sinne sein: *Soziologie vermittelt Einsichten in alle Formen sozialer Determination und eröffnet somit neue Wahlbereiche.* Ob man die Soziologie nun dafür lobt oder tadelt, hängt natürlich von dem jeweiligen Standpunkt ab, den man einnimmt; in dem hier angeführten Beispiel wird der sexuell freiheitlich Gesinnte loben, was der konventionelle Moralist tadeln dürfte. Doch hier kommt es auf den Punkt an, daß die für die Soziologie aufgestellten Behauptungen zugunsten der individuellen Befreiung nicht einfach als Verständnisfehler abgetan werden können. Doch um so wichtiger ist es, die *Grenzen* solcher Befreiung zu erkennen. (Es erübrigt sich hier, noch einmal das früher vorgetragene Argument zu wiederholen, die Soziologie als solche könne keine praktische Handlungsanleitung geben oder empfehlen: Soziologie kann nur Wahlmöglichkeiten eröffnen, sie kann nicht einer Wahl den Vorrang gegenüber einer anderen geben.)

Da haben wir vor allem die Grenzen der sozialen Situation des einzelnen: Nicht alle Optionen sind *sozial verfügbar* und nicht alle sind *sozial praktikabel.* So bieten sich manche Optionen trotz all der befreienden Einsichten, die heute einem westlichen Individuum mit Hochschulabschluß zugänglich sind, nicht ohne weiteres als mögliche Optionen dar: Zwar mag ich über die Option nachdenken, mich als Schwuler zu definieren, doch die Option, ein Schamane zu werden, hat unter Umständen noch nicht einmal mein Bewußtsein gestreift. Mehr noch, Optionen, die klar im Bewußtsein stehen, können sehr magere Chancen empirischer Verwirklichung im Sinne gesellschaftlicher Projekte haben: Ich mag mich durchaus als potentieller Welteroberer verstehen, doch ich dürfte große Schwierigkeiten haben, wenn ich meine napoleonischen Ambitionen vom Boden abheben lassen will. Diese Grenzen liegen in einigen grundlegenden sozialen Realitäten begründet. Selbst das befreiteste Bewußtsein ist ein *sozialisiertes* Bewußtsein, und genau dieses Faktum erlegt uns Beschränkungen auf. Und es gibt keine unmittelbare Übersetzung von Optionen im

Bewußtsein in Optionen in der Gesellschaft; so befreit mein Geist auch sein mag, die »dingähnliche« Qualität der Gesellschaft, ihre *choseité*, verschwindet dadurch nicht; sie schränkt mich und selbst meine grandiosesten Projekte weiterhin ein.

Eine weitere angelegte Grenze individueller Befreiung ist die folgende: *Alle Handlungen der Wahl, wenn sie keine flüchtigen (beinahe traumartige) Erfahrungen sein sollen, müssen sich in sozialen Formen verkörpern.* Diese sozialen Formen erzeugen neue Systeme der Determination; ja sie bringen *neue Rollen* hervor. Anders gesagt, *das Ziel einer »rollenfreien« Existenz ist empirisch unrealisierbar.* Darin liegt die Ironie, vielleicht die Tragik aller Projekte des existentiellen Radikalismus. Der Grund dafür ist einfach, aber von grundlegender Bedeutung: Das menschliche Sozialleben ist ohne ein gewisses Maß an Ordnung nicht möglich, und das wiederum heißt, daß menschliche Aktivität in wechselseitig erkennbaren und vorhersagbaren Mustern organisiert sein muß – organisiert eben in Rollen. Dies ist nicht mehr und nicht weniger als der von der Soziologie als *Institutionalisierung* bezeichnete Prozeß. Ihn haben alle menschlichen Gesellschaften gemeinsam, wenngleich sich vorbringen ließe, daß der Prozeß unter modernen Bedingungen (aufgrund vor allem der modernen Kommunikationsvehikel) erheblich beschleunigt verläuft.

Zum Beispiel: Nehmen wir an, ich habe *tatsächlich* die Grenzen meines sozialisierten Bewußtseins und die Schranken meines sozialen Milieus durchbrochen, um Schamane zu werden. Sogar innerhalb meines eigenen Geistes kommt es zu einem Prozeß der Gewöhnung. Die erste schamanische Ekstase ist erschütternder als die zweite, die dritte weniger als die zweite, und beim fünfzehnten Mal kann ich vielleicht mit einem gewissen Maß an innerer Ruhe erklären: »Ich kann dies wieder tun« (Alfred Schütz zufolge eine sehr entscheidende Fähigkeit). Doch *auch* die anderen, die Zeugen und vielleicht Verehrer meiner schamanischen Vorführungen, gewöhnen sich daran. Die erste ekstatische Handlung hat sich vielleicht inmitten einer konventionellen Cocktailparty ereignet. Plötzlich hatte ich Schaum vor dem Mund, wälzte mich auf dem Boden und schrie gellend die Botschaft Gottes hinaus. Alle Anwesenden waren ohne Zweifel bestürzt, schockiert und sogar erschreckt. Mit anderen Worten, die Situation war echt rollenfrei, zumindest in dem Sinne, daß weder ich noch die anderen Rollen zur Hand hatten, die es einem erlaubt hätten, mit diesem Erlebnis als solchem umzugehen (andere Rollen, etwa die des »Umgangs mit jemandem, der gerade verrückt geworden ist«, waren natürlich

zuhanden und sind unter Umständen sofort eingenommen worden).
Doch angenommen, daß ich mein Schamanen-Stück weiterhin auf-
führe, und angenommen, daß zumindest ein kleiner exklusiver Kreis
anderer Individuen bereit ist, sich für meine Darbietung zu interessieren, so wird sich unvermeidlich eine andere Situation einstellen. Da
überlasse ich mich meiner fünfzehnten schamanischen Ekstase, habe
Schaum vor dem Mund, wälze mich herum und kreische so kräftig wie
beim ersten Mal. Doch die Reaktion der anderen ist nicht mehr die
gleiche. Sie sind nicht mehr sonderlich bestürzt. Sie wissen nun, was
sie zu erwarten haben. In der einen oder anderen Formulierung werden sie erklären: »Da geschieht es wieder mit ihm.« Mit anderen
Worten, *ich spiele nun eine Schamanen-Rolle* – und diejenigen, die bei
meiner Darbietung zugegen sind, spielen irgendeine Art von Komple-
mentärrolle, sei es als Verehrer, neugierige Beobachter oder Studenten
der Religionspsychologie. Was immer diese Situation auch sonst noch
sein mag, sie ist weit davon entfernt, rollenfrei zu sein.
Diese Beschreibung der Institutionalisierung und Rollenbildung läßt
sich über das gesamte Spektrum individueller Innovationen, mögen sie
in ihrem Anfangsschub befreiend oder sonst etwas sein, verallgemeinern. Orgien entwickeln eine Etikette, unkonventionelle Kleidung
wird zur Uniform, Atheismus zum Dogma, revolutionäre Bewegungen verkommen zu rigide konservativen Organisationen usw. Und
natürlich erzeugt jede dieser Umwandlungen neue Rollen, neue Kon-
formitäten, neue Determinationssysteme, von deren »Repression«
irgend jemand eines Tages »befreit« sein möchte! Die Kinder orgiasti-
scher Eltern befreien sich, indem sie exklusiv monogam werden, die
jüngeren Geschwister von Hippies tragen Anzüge und Kleider, und
eine neue Generation von zur Elite gehörenden sowjetischen Jugendlichen findet es irrsinnig mutig, zur Kirche zu gehen. Vielleicht steckt
in all dem ein wenig von dem fundamentalen Pathos der menschlichen
Conditio. Als Adam und Eva einander zum erstenmal erkannten,
wurde die ganze Welt neu geschaffen. Es gibt Aufbruchserfahrungen,
die sich nie wiederholen lassen. Darum ist die Kindheit eine so von
Ehrfurcht erfüllte Zeit – und darum kann man nie zu ihr zurückkehren.
Wie dem auch sei, wenn man das oben Gesagte richtig verstanden hat,
erweist sich jedes totalistische Befreiungskonzept als unmöglich. Denn
dann erkennt man, daß jede Wahl, wie befreiend sie, wenn man sie
zum erstenmal trifft, auch sein mag, zu neuen Verhaltensmustern
führt, die andere Wahlmöglichkeiten ausschließen. Nun heißt dies

freilich keineswegs, daß es *von daher* keine echten Befreiungen gibt. Es gibt sie durchaus, wie wir gesehen haben. Doch man wird nicht nur über die letztliche Tragweite dieser befreienden Wahlmöglichkeiten relativ bescheidene und mäßig relativistische Erwartungen hegen, das heißt, man wird keine totale Befreiung erwarten. Sondern man wird auch verstehen, daß man nichts »geschenkt« bekommt. Es müssen Kosten abgewogen, Konsequenzen, die möglicherweise eintreten, überdacht und *Institutionen* berücksichtigt werden. Und was vielleicht am wichtigsten ist, die Befreiung eines einzelnen kann die Grenzen eines anderen verstärken. Diese letzte Einsicht macht erneut aufmerksam auf die ethische Mehrdeutigkeit aller Handlungen in der Gesellschaft – das Bewußtsein dieser Mehrdeutigkeit liegt der oben erörterten »Verantwortungsethik« zugrunde. Im Sinne des hier behandelten Themas *bin ich für die Konsequenzen meiner befreienden Wahl verantwortlich.*

Um es noch einmal zu betonen, nichts von dem, was hier erörtert wird, stellt notwendigerweise die empirische Validität oder die moralische Rechtfertigung irgendeines bestimmten Befreiungsprojekts in Frage. Doch das hier Gesagte muß kritisch sein gegenüber einem häufig zu beobachtenden Merkmal eines großen Teils heutigen Befreiungsstrebens – nämlich gegenüber der Einstellung zur Zeit, die nur *das Gegenwärtige* betont und geprägt ist von der Weigerung, in die Zukunft zu schauen, und gegenüber einer Vorstellung, derzufolge die Vergangenheit irgendwie abgetan werden kann. Die Soziologie liefert ein Korrektiv zu dieser auf das »Jetzt« gerichteten Mentalität, denn sie deckt das Gewebe von Gründen und Konsequenzen auf, das den einzelnen sowohl mit seinen Vorgängern wie seinen Nachfolgern verknüpft. Wie gesagt, die soziologische Perspektive rät zu Bescheidenheit, Nüchternheit, Respekt vor anderen Menschen und deren Werten – und zu einem nicht absolutistischen, einem undogmatischen Verständnis seiner eigenen Ekstasen.

Auch die politische Version des an Befreiung orientierten Verständnisses von Soziologie folgt der allgemeinen Formel »Repression – Einsicht – Befreiung«, nur daß jeder dieser Begriffe der Formel einen kollektiven und keinen individuellen Gehalt hat. Soziologie wird hier als Instrument angesehen, mit dem sich eine Gesellschaft herbeiführen läßt, die ihren Mitgliedern größere Freiheit einräumt. Dies kann wiederum ein relativ bescheidenes Ziel sein (Soziologie im Dienste schrittweisen, jedenfalls weniger als totalen Reformismus); das Ziel kann andererseits auch die eschatologischen Qualitäten eines »Sprunges in die Freiheit« oder in eine neue Menschlichkeit annehmen (Soziologie im Dienste einer radikalen revolutionären Vision). Und wiederum ist die in dieser Formel der Soziologie zugeschriebene Aufgabe die Vermittlung von »Einsicht«, die als Vorspiel der befreienden Praxis gilt. Wie bei dem individuellen Verständnis von Soziologie als einer Befreiungstheorie so erkennen wir auch bei der politischen Version der Befreiungssoziologie stichhaltige Aspekte. Zunächst einmal besteht eine empirische Korrelation zwischen Soziologie und Demokratie. Historisch gesehen, war die Entstehung der Soziologie eng verbunden mit dem Kampf um politische Demokratie. Und in der heutigen Welt scheint Demokratie, oder zumindest ein gewisses Maß an Demokratie, die empirische *Conditio sine qua non* für die Entwicklung der Soziologie als Disziplin zu sein. In autoritären oder totalitären Gesellschaften gerät die Soziologie in Gefahr, eine Karikatur ihrer selbst zu werden, ein intellektueller *castrato* – oder sie sieht sich veranlaßt, in den Untergrund zu gehen. Die Gründe dafür lassen sich in dem eigentlich »subversiven« Hang der soziologischen Interpretation finden, doch diese Frage haben wir bereits erörtert.

In noch fundamentalerem Sinne vermittelt die Soziologie ein genaueres Verständnis für die Art und Weise, in der soziale Strukturen wirksam sind, darunter auch Strukturen, die als unterdrückend gelten. Wer solche Strukturen ändern oder beseitigen möchte, für den bietet sich das Motto an: »Erkenne deinen Feind.« Soziologie wird zur »Nachrichtenbeschaffung« (im Original »intelligence«, ein doppeldeutiges Wort; Anm. d. Übers.) über »den Feind«, wer immer das auch sein mag. Die Beziehung von Soziologie zur Revolution ähnelt der Beziehung von Spionage zur Militärstrategie.

Zur Illustration dieser politischen Funktion von Soziologie versetzen wir uns in die klassische vorrevolutionäre Situation: Stellen wir uns ein Land der Dritten Welt vor, in dem die Masse der Bauern durch eine herrschende Oligarchie wirtschaftlich ausgebeutet und politisch unterdrückt wird. Eine revolutionäre Bewegung sucht die Bauern zu organisieren und mit Hilfe dieser Untergrundarmee und verschiedener Bundesgenossen außerhalb der Bauernschaft die Oligarchie zu stürzen. Die Soziologie kann in diesem Fall die ökonomischen und politischen Strukturen des Status quo erhellen, vor allem die nicht immer erkenntlichen Beziehungen zwischen ihnen. All dies soziologische Material kann der revolutionären Bewegung als Nachrichtenmaterial dienen. Es läßt sowohl die Stärken wie die Schwächen der herrschen-

den Klasse erkennen und damit Gefahren, die zu vermeiden, und gün-
stige Gelegenheiten, die wahrzunehmen sind. So kann das Nachrichtenmaterial unter Umständen unzufriedene Elemente innerhalb der
Oligarchie aufzeigen Kreise, die vielleicht Bundesgenossen der Revolution werden. Auch kann das soziologische Material eine Propagan-
dafunktion übernehmen, das heißt, die gesammelten ökonomischen
und politischen Daten können dazu verwandt werden, die Bauernschaft über die sie unterdrückenden Kräfte zu informieren, auf diese
Weise das Bewußtsein der Bauern zu »schärfen« (was in Lateinamerika
als *conscientización* bezeichnet wird), ihren Zorn anzufachen und sie
auf diesem Wege zur revolutionären Aktion zu mobilisieren. Es sei
hier beiläufig darauf hingewiesen, daß die einzelnen Soziologen, die
das soziologische Material beschafft haben, nicht notwendigerweise
Anhänger der revolutionären Sache sein müssen, damit das Material
die beschriebene politische Rolle spielen kann. Im Gegenteil, das aus
neutralen oder sogar feindlichen Quellen sozusagen »erbeutete« Material kann womöglich noch nützlicher sein, da die nicht von Anhängern
gespeiste Nachrichtenquelle die Chancen ihrer Verläßlichkeit erhöht.
Die gleiche Logik gilt, nebenbei, für die von Spionen gesammelten
geheimen Nachrichten. Gute Spionage beschafft Nachrichten, die gleichermaßen für Freunde oder Gegner nützlich sind – und das ist der
Grund, warum es Doppelagenten gibt und warum es nützlich ist,
geheime Nachrichten des Gegners abzufangen.

Innerhalb der Grenzen ihrer »Wenn . . . dann«-Logik kann die Soziologie für die revolutionäre Bewegung auch insofern von Nutzen sein,
als sie Prozesse und Organisationsformen nahelegt, die mit einiger
Sicherheit bestimmte erwünschte Resultate liefern. So besteht mittler-
weile ein Fundus an Kenntnissen explizit oder implizit soziologischen
Charakters über die wahrscheinliche Entfaltung einer revolutionären
Situation – im Sinne etwas des Einsatzes von Terror, der Propaganda,
der Organisation von Untergrundzellen, der Infiltration legitimer
Institutionen usw. Es versteht sich, daß derselbe Kenntnisfundus im
Dienste der Konterrevolution – etwa durch die Geheimpolizei und
durch die Streitkräfte der Oligarchie – benutzt wird und worden ist.
Auch kann die Soziologie, wenn sie außerhalb der revolutionären
Bewegung auf sogar relativ autonome Art und Weise institutionalisiert
ist – wie in Universitäten, Forschungsinstituten, verschiedenen Publi-
kationsorganen –, eine für die revolutionäre Sache nützliche Funktion
ausüben, indem sie ständig die verschiedenen Aspekte der bestehenden
Machtstruktur kritisiert und entlarvt. Diese Art institutionalisierter

Kritik überlebt häufig in autoritären, sich am Rande des Totalitarismus bewegenden Gesellschaften. Aus genau diesem Grunde läßt sich sehr häufig beobachten, daß legitime oder halb-legitime Institutionen wie die soeben erwähnten wichtige Brennpunkte für revolutionäre Strategien bilden – und umgekehrt zum Ziel für Repression werden, wenn die Machtstruktur sich genötigt fühlt, gegenüber der Opposition härter aufzutreten. Aus dem gleichen Grunde stellen die Gemeinschaften der Soziologen und Soziologiestudenten nicht selten neue Mitkämpfer und Helfer für die revolutionäre Bewegung – und sind, aus guten Gründen, Objekte der Verdächtigung und der Überwachung auf seiten der Repressionsorgane.

Das soeben im Sinne einer Situation revolutionärer Gärung Skizzierte gilt in geringerem Maße auch für friedlichere Situationen. Soziologie dient aufgrund der ihr eigenen kritischen Einstellung zur Entlarvung der häßlicheren Seiten und Schwächen jeglichen Status quo, und sie ist für diejenigen, die den Status quo ändern wollen, auf zweifache Weise von politischem Nutzen – indem sie Nachrichtenmaterial über das Gebiet verschafft, auf dem sie operieren, und indem sie Material bereitstellt, das diejenigen zu mobilisieren vermag, die sich benachteiligt fühlen. Und auch hier wieder kann man auf folgendes hinweisen: Diese kritische Funktion der Soziologie wird verstärkt durch »Objektivität« und »Wertfreiheit«, denn aufgrund dieser Merkmale lassen sich ihre Befunde und Interpretationen nicht so ohne weiteres als Plädoyer für Spezialinteresse abtun. Auf diesem Gebiet ist es eine Ironie unter vielen, daß dieser Punkt dem zuwiderläuft, was so viele an Befreiung orientierte Soziologen über die Beziehung von Wissenschaft und politischem Engagement glauben. Zum Beispiel ist soziologisches Material über die Rassendiskriminierung weit nützlicher, wenn es von Weißen und nicht von Schwarzen gestellt wird; Untersuchungen über Gesetzesübertretungen in Betrieben sind glaubwürdiger, wenn sie von Wissenschaftlern stammen, die politisch rechts von der Mitte und nicht links von der Mitte stehen usw.

Ganz allgemein ist soziologische Interpretation, wie wir zu zeigen versucht haben, nur möglich, wenn man *Alternativen* zum Status quo erkennt. Diese Erkenntnis ist im Kern destabilisierend, weil sie unvermeidlich den Gedanken nahelegt, daß diese Alternativen möglich sind, jedenfalls im Prinzip. »Die Dinge sind nicht, was sie zu sein scheinen«; daher »könnten die Dinge anders sein, als sie sind«. Eine solche Perspektive hat zumindest potentiell politische Konsequenzen, und wo immer der Status quo als unterdrückend empfunden wird, ist es völlig gerechtfertigt, diese Konsequenzen als der »Befreiung« förderlich anzusehen. So weit, so gut. Doch das ist nicht alles.

Es sei noch einmal betont, daß es sehr wichtig ist, die *Grenzen* dieser potentiellen politischen Verwendung von Soziologie zu erkennen. Wir haben bereits erörtert, daß es ein Trugschluß ist, soziologische Interpretationen als normative Handlungsanweisungen zu verstehen. So ist in der oben beschriebenen Situation der Soziologe unter Umständen zwar in der Lage nachzuweisen, daß die Wirtschaft der *latifundias* es erfordert, den Landarbeitern einen Lohn zu zahlen, der gerade ihren Lebensunterhalt deckt, oder auch weniger, daß die Wirtschaftsinteressen der *latifundistas* durch die Machtstruktur zum Ausdruck kommen und sich ihrer bedienen, daß ausländische Kapitalinteressen im Lande mit der innenpolitischen Machtstruktur verzahnt sind usw. Doch keiner dieser sozialpolitischen Befunde führt unmittelbar zu dem normativen Gebot: »*Daher* sollten die Bauern sich in einer Revolution erheben.« Die Bauern mögen durchaus zu dieser Schlußfolgerung gelangen, wenn sie erst einmal von den soziologischen Erkenntnissen gehört und sie verstanden haben, und diese Schlußfolgerung kann moralisch gerechtfertigt und politisch realistisch sein. Doch es ist *auch* möglich, daß die Bauern *nicht* zu diesem Schluß kommen. Sie mögen vielmehr zu dem Ergebnis kommen, daß sie, auch wenn die Dinge schlecht laufen, dennoch besser dran sind als die Generation vor ihnen; oder sie können auch das Gefühl haben, die Verhältnisse könnten sich durch eine Revolution, die womöglich fehlschlägt, noch verschlechtern; oder sie können sogar zu dem Schluß kommen, den Revolutionären sei nicht zu trauen und eine erfolgreiche Revolution sei ein größeres Übel verglichen mit dem geringeren des Status quo; andererseits können die Bauern auch religiöse Interessen und Werte haben, die revolutionäre Handlungen nicht plausibel machen. Ein Soziologe, der sich der revolutionären Sache verpflichtet fühlt, kann natürlich allen diesen Definitionen der Situation widersprechen – doch *als* Soziologe ist er bei dieser argumentativen Auseinandersetzung nicht mehr qualifiziert als irgendeiner der Bauern, und seine soziologischen Erkenntnisse und Interpretationen sind nur indirekt, als »Hintergrundinformationen«, für das praktische Ergebnis der Debatte für oder gegen die Revolution relevant.

Der Soziologe behält seine »doppelte Staatsbürgerschaft« auch in der Hitze des politischen Kampfes. Wenn er die beiden »Pässe« verwechselt, dann auf eigene Gefahr. Die Gefahr ist am größten, wenn er Parteigänger ist. Doch gerade dann, wenn er sich in den Dienst einer politischen Sache stellt, ist der Soziologe *politisch* am nützlichsten, wenn er die Situation objektiv analysiert, die Wahlmöglichkeiten abklärt und die wahrscheinlichen Konsequenzen alternativer Handlungsverläufe abzuschätzen sucht. Das ist im Grunde eine nüchterne, bescheidene Aufgabe, die der Rolle des Propheten, des Propagandisten oder Agitators sehr zuwiderläuft. Doch dies heißt *keineswegs,* daß der Soziologe als Person nicht an einer politischen Aktion teilnehmen kann – unter gewissen Umständen sogar an revolutionären Aktivitäten. Doch seine Nützlichkeit *als* Soziologe hängt vom Gebrauch seiner kritischen Fähigkeiten ab und auch von ihrer Anwendung auf die Sache oder Bewegung, der er sich angeschlossen hat. Das ist keine leichte Rolle, aber sicherlich eine mögliche. In ihrer Schwierigkeit gleicht sie der eines Arztes, der den Zustand eines Patienten diagnostiziert, den er liebt – oder eines Patienten, den er verabscheut. Kurz nach dem Ersten Weltkrieg wurde Joseph Schumpeter eingeladen, sich als Sozialwissenschaftler in den Dienst einer Kommission zu stellen, die von der neuen Weimarer Regierung eingesetzt worden war, um Teile der deutschen Wirtschaft zu verstaatlichen. Schumpeter lehnte diese Verstaatlichung ab. Gefragt, warum er dennoch eingewilligt habe, der Kommission beizutreten, erwiderte er, wenn jemand Selbstmord begehen möchte, sei es nützlich, wenn sich ein Arzt bereithalte. Angenommen, ich bin Arzt und mein bester Freund bereitet sich auf eine gefährliche Bergexpedition vor, dann bin ich am nützlichsten, wenn ich mich bemühe, möglichst objektive medizinische Prognosen zu stellen, und *nicht,* wenn ich eine gefühlsbetonte Abhandlung über Sinn und Unsinn des Bergsteigens schreibe. Es ist nämlich sehr gut möglich, daß andere die letztere Aufgabe viel besser erledigen können.

Darüber hinaus liegt im soziologischen Denken von vornherein eine anti-utopische Tendenz. Soziologen wissen, oder sollten es jedenfalls, von den unbeabsichtigten Konsequenzen sozialer Handlungen, von den latenten Funktionen und den Grenzen der Institutionen, von dem Einfluß der Vergangenheit und den Mehrdeutigkeiten der Macht. Es ist durchaus möglich, daß der Soziologe als Person von dieser oder jener utopischen Vision beeindruckt ist. Doch seine methodologische und berufliche Ausbildung sollte seine utopischen Vorstellungen stets mit einem Element von Vorsicht, ja von Zweifel, versehen. Soziologie ist immer ein Versuch, die soziale *Realität* zu begreifen – die Härte der Dinge, die sich unseren Wünschen entzieht. Das an sich wirkt schon als Bremse bei wilderen Exzessen des Utopismus.

Soziologie als Wissenschaft sollte sich nicht als einzige oder gar vor-
rangige Anleitung für politisches Handeln verstehen. Daraus folgt,
daß Soziologie als solche niemals die ausschließliche Trägerin eines
politischen Programms werden sollte. Dieses Gebot gilt für jedes Programm, welcher ideologischen Couleur auch immer – für ein rechtes
genauso wie für ein linkes, für ein revolutionäres oder konservatives,
für jedes, das sich irgendeiner nationalen, rassischen, sexuellen oder
religiösen Befreiung verschrieben hat. »Sozialistische Soziologie« ist
genauso eine *contradictio in adjecto* wie »soziologischer Europäis-
mus«, wie »schwarze Soziologie«, »feministische Soziologie«, »christliche Soziologie« usw. Ein Soziologe, der aus der Disziplin diese Art
von Ausschließlichkeitsprogramm machen wollte, wird logischerweise aus der Soziologie (oder aus dem »wahren« Ausschnitt, den er
allein vertritt) all jene exkommunizieren müssen, die mit dem Programm nicht übereinstimmen oder die nicht über den zugeschriebenen
Status der »wahren« In-group verfügen. Wenn erst einmal solch ein
Verfahren im Ernst eingeleitet wird, dann hört die Soziologie auf, sie
selbst zu sein. Sie wird zur Sekte oder zum Stamm. Wenn dies
geschieht, werden nicht nur die methodologischen Voraussetzungen
der Disziplin tangiert. Ironischerweise ist dann auch ihre *politische*
Nützlichkeit am Ende. Gefangen in sektiererischem oder stammesar-
tigem Partikularismus, kann sie nicht mehr von sich behaupten, sie sei
alles nur nicht eine ideologische Legitimierung dieser partikularisti-
schen Interessen. Aus diesem Grunde können »sozialistische Soziologen« nur noch mit sich selbst reden, genau wie Anhänger einer »pa-
triotischen Soziologie« (sofern sich irgendwo eine solche findet), einer
»schwarzen Soziologie«, einer »feministischen Soziologie« usw. Es
wird wahrscheinlich nicht lange dauern, und jeder innerhalb oder
außerhalb dieser exklusiven Kreise verliert jegliches Interesse an diesem sinnlosen Unternehmen.

In verschiedenen Teilen der Welt ist diese Art von Soziologie üblich.
Diejenigen, die es sich besonders angelegen sein lassen sollten, diese
Situation zu ändern, sind genau jene, deren politischen Ziele diese
Entwicklung gefördert haben. Einige weitere Folgen dieser Angelegenheit werden uns im folgenden Kapitel beschäftigen. Fürs erste
sollte klar sein, daß in der Tat eine Beziehung zwischen Soziologie und
Freiheit besteht, doch diese Beziehung ist mehrdeutiger und weniger
unmittelbar, als viele heutige Befürworter von Befreiung zu denken
belieben.

KAPITEL 5

Soziologie zwischen Technokratie und Ideologie

Wie wir im vorhergehenden Kapitel gesehen haben, ist die Soziologie kein Unternehmen, das nur auf die »Gelehrtenrepublik« beschränkt ist, sondern sie hat weitergehende existentielle, gesellschaftliche und tatsächlich auch politische Verwendungszwecke. Zu diesen Zwecken zählen heutzutage vor allem technokratische und ideologische. Dieses Kapitel verfolgt die Absicht, zwischen unserem Verständnis von Soziologie und den genannten zwei Anwendungen zu unterscheiden. Gleich zu Beginn möchten wir betonen, daß die Absicht, die wir hier im Sinn haben, nicht auf Polemik, sondern auf Klärung abzielt. Auch ist es nicht unsere Absicht, die Stichhaltigkeit aller und jeder technokratischen oder ideologischen Anwendung der Disziplin zu leugnen. Unsere Sorge gilt vielmehr jenen Ansichten, die darauf hinauslaufen, daß die Soziologie völlig von ihren technokratischen oder ideologischen Verwendungsweisen absorbiert wird, und die Konsequenzen dieser Umwandlungen sowohl für die Sozialwissenschaft wie für die Gesellschaft, in der sie praktiziert wird, versetzen uns in große Besorgnis.

Mit technokratischer Anwendung meinen wir, daß Soziologie als Wissensfundus im Dienste von »Sozialmanipulation« verstanden und entsprechend eingesetzt wird. Die letztere Formulierung haben wir bewußt gewählt. Denn sie verweist auf die wichtige Tatsache, daß diese Art von Soziologie in einem viel weiteren sozialen Kontext steht. Sie ist Teil und Bestandteil jener »Ingenieurs-Mentalität«, die eine strategische Komponente des modernen Bewußtseins darstellt, wie es durch die technologischen Revolutionen der vergangenen Jahrhunderte geprägt wurde, zunächst in Europa und nunmehr überall in der Welt. Diese Mentalität hat ihren Ursprung natürlich im Technologie-Bereich, und sie ist innerhalb dieses Bereichs völlig angemessen. Man kann keine Ingenieure ohne diese Mentalität haben, und unter der Voraussetzung, daß man die technologische Infrastruktur der modernen Welt nicht demontieren will, ergibt es wenig Sinn, diese Mentalität zu beklagen. Probleme ergeben sich, wenn man diese Mentalität aus dem ihr angemessenen Bereich der Technologie auf andere Bereiche des menschlichen Lebens überträgt. Die Hauptmerkmale dieser für Ingenieure typischen Geisteshaltung lassen sich ohne Mühe beschreiben: eine atomistische oder »an Komponenten orientierte« Auffassung der Realität – die Welt besteht nach dieser Auffassung aus Einheiten, die man beiseite tun oder wieder zusammensetzen kann. Mittel und Zwecke lassen sich ohne weiteres trennen. Es besteht eine starke Neigung zu abstraktem und vorzugsweise quantitativem Denken. Verbreitet ist eine an Problemlösung oder »Flickschusterei« orientierte Einstellung; jedes Problem, vor das man sich gestellt sieht, wird als im Prinzip lösbar angesehen, vorausgesetzt, man findet die richtigen technischen Verfahrensweisen. Damit einhergehen eine auf Erfindungsgabe erpichte Einstellung und eine positive Einschätzung der Innovation. Das Niveau von Affekt oder emotionaler Beteiligung ist herabgesetzt – Ingenieure sind »coole« Typen. Besonders hohe Wertschätzung gilt dem, was man als »Maximierung« bezeichnen kann – mehr Produkte für weniger Kosten. Zu beobachten ist auch die Fähigkeit, mit vielen gleichzeitig sich abspielenden Dingen umzugehen – die Fähigkeit, mit »Multirelationalität« umzugehen.

Diese Liste von Merkmalen ließe sich verlängern und mit viel mehr Einzelheiten beschreiben. Doch dafür besteht keine Notwendigkeit. Es genügt, noch einmal darauf hinzuweisen, daß es schwerfällt, sich die moderne Technologie ohne Individuen vorzustellen, deren Bewußtsein in dieser Weise geprägt ist, zumindest während der Zeit ihrer Tätigkeit in den technischen Berufen einer modernen Gesellschaft. Das Problem ist, daß diese Merkmale nicht mehr auf diese technischen Berufsbereiche beschränkt sind, sondern sich in viele andere Bereiche ergossen haben. Dieses uns hier interessierende Übergreifen gehört zu dem allgemeinen Prozeß des technologischen oder von Ingenieuren gelenkten »Imperialismus«.

Wenn Soziologie in den Dienst der Technokratie gestellt wird, geschieht es fast automatisch, daß sie in die Kategorien der charakteristischen Mentalität dieser Technokratie übersetzt wird. Vor allem wird an die Soziologie die Erwartung herangetragen, daß sie sich auf die gleiche Art und Weise wie etwa der Fundus an aeronautischem Wissen auf praktische Belange anwenden läßt. Diese Erwartung gibt der Art von Soziologie den Vorzug, die sich am leichtesten auf diese Weise vereinnahmen läßt – also besonders einer Soziologie von stark positivistischer Natur. Des weiteren wird Druck ausgeübt, damit die

Soziologie sofort anwendbare »Ergebnisse« produziert. Dieser Druck besteht nicht einfach in den Köpfen irgendwelcher Leute, sondern er wird sozial verstärkt durch eine Art Vereinbarung im Sinne von »Diensthonorar«: Der technokratische Arbeitgeber oder Klient hat ein praktisches Problem zu lösen, und der Soziologe wird angeheuert, um die Lösung zu finden. Vor dem Hintergrund allgemeiner sozial-psychologischer Dynamik ist es keineswegs überraschend, wenn Soziologen, die sich in einer solchen Position befinden, dazu neigen, diesen Druck zu internalisieren. Das heißt, die Soziologen halten sich nun selbst für praktische Problemlöser oder »Sozialingenieure«. Ferner ergibt sich nun ein von allgemeiner Zustimmung getragenes »Erfolgs«-Maß soziologischer Forschung, je nachdem ob die Ergebnisse dieser Forschung den Interessen der »Geldquelle« dienlich sind oder nicht. In dieser Position wird Soziologie nicht nur zu einem Hilfsmittel oder Handwerkszeug der Technokratie, sondern sie ist auch gehalten, sich entsprechend technokratischen Vorgaben zu organisieren. Grob gesprochen, haben sich die Soziologen seit dem Zweiten Weltkrieg zunächst in Amerika und dann auch in anderen Ländern daran gewöhnt, in großen und bisweilen in riesigen Forschungsorganisationen tätig zu sein, die große Ähnlichkeit haben mit vergleichbaren Organisationen, die sich mit Aufgaben aus dem Bereich des Ingenieurwesens beschäftigen. Bildlich gesprochen, sind Soziologen, wenn man sie mit den »Hardware«-Ingenieuren der modernen Technologie vergleicht, zu einer Subspezies der »Software«-Ingenieure geworden. Wenngleich die beiden Gruppen mit unterschiedlichem Material zu tun haben und daher zumindest ein wenig verschiedene Methoden einsetzen, so ähneln sie sich doch sowohl in der Art ihrer Geisteshaltung wie auch im äußeren Charakter ihrer Tätigkeit.

Die technokratische Verwendung von Soziologie ist aus moralischen Gründen häufig kritisiert worden, weil man die Ziele oder Handlungen einer bestimmten technokratischen Institution für moralisch bedenklich gehalten hat. Ein wohlbekanntes Beispiel dafür war die Debatte über das sogenannte Project Camelot, für das das amerikanische Militär offen Soziologen einstellte, die sich in Lateinamerika mit Antiguerilla-Forschung beschäftigen sollten. Die ethischen Probleme dieses besonderen Falles müssen uns hier nicht aufhalten. Eins ist klar: Wenn man wie wir behauptet, der Soziologe sei verantwortlich dafür, welcher Gebrauch von seinen Erkenntnissen gemacht wird, dann ergeben sich Fälle, bei denen moralische Kritik gerechtfertigt ist. Doch es ist wichtig, sich klarzumachen, daß die technokratische Verwendung von Soziologie die Gefahr einer Deformierung des soziologischen Unternehmens in sich birgt, *selbst* wenn die äußere Absicht moralischen Tadel nicht zu gewärtigen hat. Dafür sind methodologische Gründe, nicht ethische, verantwortlich: Die Integrität der soziologischen Sichtweise wird in solchen Fällen Absichten untergeordnet, die ihr fremd sind. Im besten Falle wird Soziologie in dieser Position technokratischer Dienstbarkeit zu einer sehr eingeschränkten Tätigkeit, zu einer situationsgebundenen und pragmatischen Tätigkeit. Die Lehren der Relativität und der Vielfältigkeit von Relevanzstrukturen in der Gesellschaft geraten in Gefahr, verlorenzugehen, wenn der Soziologe immer mehr so denkt wie sein technokratischer Arbeitgeber oder Klient. Im schlimmsten Falle werden all die charakteristischen intellektuellen Merkmale der Disziplin zugunsten aktueller pragmatischer Interessen geopfert.

Das bedeutet *nicht*, daß die Soziologie für größere gesellschaftliche, außerwissenschaftliche Interessen nicht verwandt werden kann oder sollte – auch nicht für Interessen technokratischer Organisationen, einmal angenommen, diese seien ethisch vertrebar. Doch solche Verwendung ist stets problematisch, und der Soziologe, der sich an solchen Aktivitäten beteiligt, sollte sich dieser Tatsache bewußt bleiben. Eine Analogie kann hier hilfreich sein – die Beziehung zwischen Künstler und Gönner. Nehmen wir an, ein Renaissance-Fürst beauftragt einen Maler damit, ein Porträt anzufertigen. Lassen wir hier die ethische Frage beiseite, die sich wegen des moralischen Charakters dieses bestimmten Fürsten erheben könnte; mit anderen Worten, lassen Sie uns annehmen, daß der Fürst *nicht* Cesare Borgia ist, sondern vielmehr ein relativ abkzeptabler Charakter, für den zu arbeiten der Maler sich nicht zu schämen braucht. Diese Annahme setzt auch voraus, daß nach Wissen des Malers mit dem in Auftrag gegebenen Porträt kein im Grunde amoralischer Zweck verfolgt werden soll – etwa den in Wirklichkeit alten und buckligen Fürsten als jung und ansehnlich darzustellen, um sich der Hand einer Prinzessin, der das Bild geschickt werden soll, zu versichern. So weit, so gut. Der Maler entscheidet sich also guten Gewissens, für diesen Gönner zu arbeiten. Doch es gibt zwischen den beiden Relevanzstrukturen des Künstlers und des Gönners von vornherein angelegte Diskrepanzen. Der Künstler ist, wenn er tatsächlich ein guter Künstler ist, einer höchst spezifischen Weltsicht verpflichtet und sehr spezifischen Weisen der Vermittlung dieser Vision mit Hilfe seines Pinsels. *Seine* Relevanzstruktur ist diese Konzeption von seiner Kunst, und nichts sonst. Dies kann nicht die Relevanzstruktur des Gönners sein, ausgenommen in sehr seltenen Fällen. Der Gönner möchte auf dem Porträt nicht nur »gut aussehen« (obwohl dies für den gewissenhaften Maler sicherlich ein Problem mit sich bringt). In viel allgemeinerem Sinne kann man sagen, daß der Gönner einen ästhetischen Geschmack hat, der mit dem des Künstlers nicht übereinstimmt, nicht übereinstimmen kann. Der Gönner möchte etwa ein »hübsches« Bild; der Künstler hingegen möchte ein »wahres« Bild malen. Nun, dies heißt nicht, daß zwischen der künstlerischen Integrität und den Wünschen des Gönners kein vernünftiger Kompromiß hergestellt werden könnte. Wichtig ist, daß sich der Künstler über die von vornherein angelegte Diskrepanz seiner Situation im klaren ist. Solange er sich nicht darüber im klaren ist, wird er einfach das Instrument der ästhetischen und paräästhetischen Absichten seines Gönners sein – und im weiteren Fortgang seine Integrität als Künstler verlieren.

Doch zurück zur Soziologie! Die verbreitetste Deformation besteht darin, daß der Soziologe, nun mehr oder weniger Teil einer technokratischen Organisation, willentlich oder (was wahrscheinlich ist) unbewußt seine Forschungsbefunde den Wünschen dieser Organisation anpaßt. Eine bereits weiter oben erwähnte Analogie kann uns dabei helfen, diesen Punkt herauszuarbeiten: Ein guter Spion liefert Nachrichten, die seine Auftraggeber erhalten möchten oder auch nicht. Wenn seine Auftraggeber nur eine Spur Verstand haben, werden sie darauf beharren, daß der Spion bei seinen Berichten keinerlei Rücksicht darauf nimmt, was er über ihre Wünsche in dieser Situation weiß oder zu wissen glaubt. Das mag in manchen Spionagekreisen gut funktionieren. Gut unterrichtete Kritiker von Geheimdiensten haben jedoch festgestellt, daß einer ihrer strukturellen Fehler darin liegt, daß von derselben Organisation sowohl Nachrichten gesammelt als auch auf der Grundlage dieser Nachrichten Aktionen in Gang gesetzt werden. Mit anderen Worten, »Nachrichten« und »Operationen« vertragen sich nicht gut in derselben Organisation – aus dem ganz einfachen Grunde, weil auf diese Weise Druck erzeugt wird, der den Spion veranlaßt, das zu berichten, was seine »aktivistischen« Auftraggeber hören möchten. Ähnlich steht der Soziologe, der sich einer technokratischen Organisation angepaßt hat, unter dem Druck, weniger als verläßliche Informationen und Interpretationen zu liefern – und paradoxerweise wird er auf diese Weise für seinen »Gönner« weniger nützlich. Wenn man dieses Beispiel verallgemeinern will, kann man sagen, daß die Soziologie am *nützlichsten* ist, selbst für verschiedene »Gönner«, wenn ihr gestattet wird, ihre Arbeit eigenständig und unbeeinflußt, das heißt innerhalb ihrer eigenen Relevanzstruktur, zu leisten. Damit dies möglich ist, muß der Soziologe verhindern, daß er in die technokratische Mentalität hineingezogen wird. Und da Mentalität und sozialer Kontext eng miteinander verbunden sind (übrigens die Grunderkenntnis der Wissenssoziologie), ist es wahrscheinlich ratsam, daß der Soziologe in einem institutionellen Rahmen zu Hause ist, der selbst nicht technokratisch ist.

Aus der technokratischen Verwendung von Soziologie ergibt sich eine weitere Konsequenz, nämlich Druck, eine Soziologie hervorzubringen, die möglichst viel Ähnlichkeit mit den Naturwissenschaften hat, mit Wissenschaften also, die sich technokratischen Absichten als sehr zugänglich erwiesen haben. Das bedeutet eine Affinität zur positivistischen Soziologie. Verbunden damit ist ein Kult der Quantifizierung – und im Extremfall eine Einstellung, derzufolge alle soziologischen Aussagen, die sich nicht in mathematische Begriffe kleiden lassen, »weich«, unwissenschaftlich und nutzlos sind. Man beachte: Wie wir weiter oben bemerkt haben, ist unsere Einstellung zur Methodik der Soziologie in keiner Weise von Abneigung gegen quantitative Methoden getrübt. Es gibt bestimmte soziologische Fragestellungen, die sich am besten mit Hilfe quantitativer Verfahren klären lassen, vor allem Fragestellungen, bei denen die Häufigkeitsverteilung dieses oder jenes sozialen Phänomens relevant ist und daher statistische Maße von Bedeutung sind. Thema hier ist nicht die Quantifizierung als solche, sondern der *Kult* der Quantifizierung bis zum Ausschluß aller anderen Methoden und Vorgehensweisen. Ferner besteht die Neigung, eine obskure technische Sprache zu benutzen, nicht weil sich bestimmte Dinge nicht in normalem Deutsch formulieren ließen, sondern weil solche linguistische Esoterik eines der Merkmale der Naturwissenschaften ist, und dieser Esoterik muß der Soziologe nacheifern, will er in der technokratischen Welt ernst genommen werden. Schließlich stehen wir vor der Mystik des »Experten«, der in der sozialen Wissensverteilung sein monopolistisches Territorium absteckt. Als Folge all dessen entwickeln Experten-Gruppen legitime Interessen – indem sie ihre monopolistischen (oder vielmehr, wie sie hoffen, monopolistischen) Anspruchsbereiche verteidigen, ausdehnen und verkaufen. Die Einzelheiten dieser Vorgänge brauchen hier nicht weiter verfolgt zu werden. Es genügt zu sagen, daß die Soziologie Teil dessen ist, was seit Fritz Machlups Arbeit auf diesem Gebiet die »Wissensindustrie« genannt wird – ein rapide sich ausbreitender und höchst wettbewerbsorientierter Wirtschaftssektor westlicher Gesellschaften. Dank dieser ökonomischen Stellung gehören Soziologen zur »Wissensklasse« (bei einigen auch »neue Klasse« genannt) – einer politisch und kulturell wichtigen sozialen Schicht in den genannten Gesellschaften. Einige dieser Entwicklungen mag man als unbedenklich ansehen, und tatsächlich ist es auch nicht unsere Absicht, im Namen eines quasi-mönchischen Ideals »reiner Wissenschaft« gegen alle diese Erscheinungen zu polemisieren. Wir möchten lediglich darauf hinweisen, daß diese Entwicklungen hinsichtlich der oben erörterten methodischen und beruflichen Fragestellungen der Soziologie ein gewisses Maß an Spannungen erzeugen.

Doch ganz unabhängig von den einschlägigen Deformationen, die mit der technokratischen Verwendung von Soziologie einhergehen, ist an der positivistischen Soziologie, *wie auch immer* sie benutzt wird (oder auch überhaupt nicht benutzt wird), irgend etwas nicht in Ordnung. Der grundlegende Fehler jeder Form des Positivismus in den Sozialwissenschaften ist der Glaube, der Akt der Interpretation könne umgangen werden. Dieser Fehler steht natürlich nicht notwendigerweise in Verbindung mit der Technokratie und ihren praktischen Interessen. Er kann genauso gut in Form einer »reinen Wissenschaft« zum Vorschein kommen. Wie wir zu zeigen versucht haben, liegt der Fehler in dem Unvermögen, den besonderen Charakter der menschlichen Realität und daher den besonderen Charakter allen Bemühens, diese Realität zu beschreiben und zu erklären, sich verstehend zu eigen zu machen. Der Positivismus sucht die menschliche Realität in Begriffen erster und nicht in denen zweiter Ordnung zu begreifen. Man mag einräumen, daß sich aus solchen Verfahrensweisen stichhaltiges Wissen bestimmter Art ableiten läßt. Doch letzten Endes sind solche Verfahrensweisen unbefriedigend, weil sie nicht bis zu dem, was an der menschlichen Realität spezifisch *menschlich* ist, vordringen können – ein ziemlich gravierender Fehler bei einer Wissenschaft, die gerade diese menschliche Realität als ihren erklärten Untersuchungsgegenstand hinstellt! Die sich aus der skizzierten Betrachtungsweise ergebenden Aussagen über die Gesellschaft neigen dazu, sehr abstrakt zu sein, weit abgehoben von der sozialen Realität lebendiger Menschen – und *deshalb* weder erhellend noch sehr nützlich. Wie gesagt, das Ergebnis ist paradox: Die von Technokraten geförderte höchst positivistische Soziologie bringt häufig Aussagen hervor, die einerseits von den Technokraten als nicht sonderlich interessant angesehen werden, die andererseits daran mitwirken, das soziologische Unternehmen in den Organisationen, deren Gunst man sucht, in Mißkredit zu bringen. Dieses Resultat hat, so glauben wir, viel mit der gegenwärtigen Malaise der Disziplin und ihrem Mangel an Ansehen in der größeren Gesellschaft zu tun.

Dies ist das Ergebnis, wenn man sozusagen das Publikum der Soziologie *nicht* »kennt«. In gewisser Hinsicht ist das Ergebnis noch schlechter, wenn man das Publikum kennt. Dann wird der Soziologe unter Umständen akzeptiert, nicht nur als Experte auf diesem oder jenem Gebiet der »Sozialmanipulation«, sondern als eine Art allgemeiner Experte für die Lebensprobleme in der Gesellschaft – eine modernisierte Ausgabe dessen, was Auguste Comte im Sinn hatte, als er sich Gedanken über die Soziologen als der Priesterschaft seiner neuen positivistischen Kirche machte. Dann übertragen sich die Deformationen des Positivismus auf das Alltagsbewußtsein der gewöhnlichen Menschen. Soziologie *qua* »Soziologismus« wird nun Teil, und zwar ein gewichtiger, dessen, was man als die »Verwissenschaftlichung« des Alltagslebens, der Sprache und der Bedeutungen bezeichnen kann.

Die weitgehende Vulgarisierung der Soziologie kann man in Nordamerika und in Westeuropa ohne weiteres beobachten. Das Erziehungssystem und die Medien der Massenkommunikation sind die Hauptlieferanten dieser praktischen Weisheit. Die Deformation auf diesem Gebiet ist tiefgehend, weil sie nunmehr nicht nur das wissenschaftliche Verständnis, sondern auch das Leben selbst beeinträchtigt. Mit anderen Worten, die »Sozialmanipulation« wird nicht einfach zur (stets auf Teilzeitbeschäftigung beruhenden professionellen) Tätigkeit einer Gruppe von Wissenschaftlern, sondern zur existentiellen Praxis einer großen Zahl von gewöhnlichen Menschen. Man kann einwenden, daß bei dieser »Verwissenschaftlichung« des Alltagslebens die Soziologie noch an zweiter Stelle hinter der Psychologie (oder genauer, des »Psychologismus«) rangiert. Wahrscheinlich führen mehr Menschen ihr Leben nach den vulgarisierten Kategorien der Psychologie als nach denen der Soziologie. Doch das kann sich ändern. Auf jeden Fall sind die Folgen dieser Vulgarisierungen nicht sonderlich verschieden.

Der einzelne nimmt in seinem Alltagsleben hinsichtlich anderer Menschen, einschließlich und vor allem der ihm nahestehenden und zuletzt seiner selbst, den Standpunkt eines Ingenieurs ein. Kinder beispielsweise, denen in der Schule und durch die Massenmedien diese Art von Soziologie beigebracht wird, beginnen über ihre Probleme im Sinne von Kategorien wie »Identitätsfrage«, »Intergenerationen-Konflikt« oder »sexueller Lebensstil« nachzudenken. Dabei kommt es unvermeidlich zu einer sich selbst erfüllenden Prophezeiung (self-fulfilling prophecy). Wer zuvor keine »Identitätskrise« empfunden hatte, entwickelt nun eine – häufig mit höchst beunruhigenden Resultaten. Konflikte zwischen Eltern und Kindern, als normative Realität hingestellt, brechen tatsächlich auf. Sexuelle Experimente, nach denen tatsächlich kein großes Verlangen besteht, werden in einer Peer-group, die auf solche Weise indoktriniert ist, zur rigorosen Pflicht. Der Grund dafür, warum all dies ein Problem darstellt, liegt nicht notwendig darin, daß die sich daraus ergebenden Denk- und Verhaltensmuster an sich tadelnswert oder schädlich wären. Das tiefere Problem liegt vielmehr darin, daß diese Haltung im *Leben* (anders als eine solche Haltung in der *Wissenschaft*) den einzelnen von sozialer Erfahrung, von Beziehungen mit anderen und schließlich von sich selbst distanziert.

Aus der Verwissenschaftlichung des Alltagslebens folgt ein Prozeß der Selbst-Objektivierung und der Entfremdung von der Welt, von anderen und von sich selbst. Man erfährt sich nun als Puppe in einem Netzwerk sozialer Kräfte, ein Zustand, mit dem man in einer ingenieurhaften Haltung fertig zu werden versucht. Die Sexualität ist in dieser Hinsicht ein deutliches Beispiel. Man geht an die eigenen sexuellen Wünsche und Beziehungen in einer Geisteshaltung heran, die Laborexperimenten angemessen ist. (Dies mag unmoralisch sein oder nicht, sicher ist jedenfalls, daß eine solche Haltung anti-erotisch ist!) Kindererziehung ist ein weiteres Beispiel. Wenn man bestimmte Eltern dabei beobachtet, wie sie mit ihren Kindern umgehen, kann man sich ohne weiteres einbilden, man verfolge die Ausarbeitung eines technokratischen Plans. Doch die gleiche Mentalität kann sich auch auf alle Bereiche der interpersonellen Beziehungen ausdehnen. Dann werden »Rolle« und »Lebensstil« zu dominierenden Kategorien freilich nicht als eigentlich wissenschaftliche Kategorien, der Interpretation (als welche sie natürlich höchst valide wären), sondern vielmehr als existentielle Richtlinien. Im Extremfall wird das ganze Leben als Laboratorium angesehen, in dem der einzelne in einer Haltung kühler Distanz sich an Rollen versucht, sie anderen zuschiebt, mit ihnen herumpfuscht und sie wieder aufgibt – und damit die menschlichen Beziehungen, innerhalb derer diese »Rollen« durchgespielt werden. Dieser Extremfall wird allerdings, so dürfen wir vermuten, nur selten erreicht. Das wirkliche Leben ist zu stark für dieses Maß an Selbst-

Entfremdung. Doch es gibt starke Tendenzen in dieser Richtung, und die Folgen stimmen nachdenklich, wobei die extremen Möglichkeiten, die sie andeuten, nicht einmal in Rechnung gestellt sind.

Dieser Prozeß der »Verwissenschaftlichung« ist selbst institutionalisiert – über das Erziehungssystem, die Medien, die Rechtsprechung und (last, not least) den ungeheuren therapeutischen Apparat. So wird Kindern beigebracht, sie spielten »Adoleszentenrollen« – und sie tun den Erwachsenen den Gefallen. Ehepaare setzen soziologistische Modelle der »Ehe-Interaktion« in Szene, die ihnen das Fernsehen anbietet. Kriminelle lehnen die Verantwortung für ihre Taten ab und verweisen auf diese oder jene Determinierung in ihrer Lebensgeschichte – und die Rechtsprechung akzeptiert häufig, *mirabile dictu*, diese Aussage. Und Menschen, die sich mit einem der ewigen Probleme menschlichen Lebens an Sozialarbeiter, Lebensberater oder andere »helfende Berufe« wenden, müssen erleben, daß diese Probleme in einen Jargon übersetzt werden, der mit dem, was sie ursprünglich beunruhigte, nur wenig Ähnlichkeit hat, der aber von Vorteil ist, da sich mit ihm einige Flickschustereien im Rahmen des angeblichen Expertentums der »helfenden Berufe« an den Mann bringen lassen. Einiges davon ist ohne Frage lustig – eine ausgesprochen moderne Variante der *comédie humaine*. Doch manches hat Aspekte, die man ohne Übertreibung als entmenschlichend in ihrer Auswirkung bezeichnen kann.

Um es zu wiederholen, das menschliche Leben beruht auf einer reichen, machtvollen Realität, die sich der Absorption durch die »Ingenieursmentalität« versagt. Sexualität, Elternschaft, Ehe und all die Freuden, Kümmernisse und Schrecken der menschlichen Existenz sind so beschaffen, daß sie immer wieder die zerbrechlichen Konstruktionen durchbrechen, mit denen »Sozialingenieure« sie eingrenzen und rationalisieren wollen. Doch in dem Maße, wie diese Bemühungen um Manipulation erfolgreich sind, wird das Alltagsbewußtsein zum technokratischen Bewußtsein. Dieser »Imperialismus« der Technokratie sowohl im Geist wie in der sozialen Praxis ist einer der gravierendsten Widersprüche der Modernität. Dagegen muß sich unvermeidlich Widerstand regen. Diese Widerstände, die in ihren letzten Intentionen nicht einfach antitechnokratisch sind, sondern gegenmodernisierend, hat es seit Heraufkunft des modernen Zeitalters immer wieder gegeben. Sie sind sehr machtvolle Realitäten in Gesellschaften, die gerade die Modernisierung durchmachen (die Dritte Welt kann man unmöglich verstehen, ohne die Gegenmodernisierung zu berücksichtigen). Es gibt einige Gründe für die Annahme, daß sich seit kurzem in den entwickelten Ländern des Westens die Widerstände der Gegenmodernisierung verstärkt haben. Wie dem auch sei, es wäre ein Unglück, wenn die Soziologie mit all dem identifiziert würde, was die Widerstände herausfordert. Ganz unabhängig von berechtigten Berufsinteressen und dem künftigen Schicksal der Soziologie in der umfassenderen Gesellschaft steht uns für all diese Deformationen ein wesentliches Korrektiv zur Verfügung: *Es besteht darin, sich der besonderen Relevanzstruktur der Soziologie bewußt zu sein – und sich konsequent klarzumachen, daß nicht unbedingt für das Leben taugt, was für die Wissenschaft taugt.*

Mit ideologischem Gebrauch der Soziologie ist jeder Versuch gemeint, Soziologie zu einem sinngebenden Instrument für politische Zwecke umzuwandeln (das Attribut »politisch« kann hier sehr allgemein gefaßt werden, als Begriff, der jedes kollektive Projekt in der Öffentlichkeitssphäre abdeckt). Einige Probleme, die sich aus einem solchen Gebrauch der Soziologie ergeben, haben wir bereits im vierten Kapitel im Zusammenhang mit der Soziologie im Dienste dieser oder jener »Befreiung« erörtert, doch an dieser entscheidenden Stelle unseres Gedankenganges sind einige zusätzliche Anmerkungen von allgemeinerem Charakter angebracht.

Im Prinzip kann solche ideologische Verwendung der Soziologie entweder konservativ oder revolutionär sein, entweder der Erhaltung des Status quo oder mehr oder weniger radikalen Veränderungen dienen. Heutzutage wird die Soziologie aus einer Vielfalt historischer Gründe nur selten als politische Ideologie zur Verteidigung des Status quo verwandt (ausgenommen in sozialistischen Ländern, in denen als Unterabteilung des marxistischen Dogmas eine Art von »Soziologie« zur Legitimierung des Regimes eingesetzt wird). Dieser Wandel vollzog sich in Nordamerika und Westeuropa in der Zeit nach der Mitte der sechziger Jahre. Offensichtlich beschränkte sich der Wandel nicht auf die Disziplin der Soziologie, sondern stellte eine breite Hinwendung zur Linken im intellektuellen Milieu dar (in Europa stärker als in Amerika). Innerhalb der Soziologie ist vielleicht die beißende Kritik von C. Wright Mills am Strukturfunktionalismus als einer Ideologie des Status quo der Eröffnungszug gewesen. Im nachhinein war Mills' Analyse wahrscheinlich richtig, und zwar trotz der Tatsache, daß die führenden amerikanischen Soziologen jener Schule in ihrem politischen Erscheinungsbild alles andere als Konservative gewesen sind. Es

ist sicherlich fair zu erklären, daß der strukturfunktionalistische
Ansatz eine, wenn auch vielleicht unbeabsichtigte, Affinität zu einer
im Grunde konservativen Position gegenüber sozialem Wandel
besitzt. Das Konzept der »Systemerhaltung« erhellt diesen Effekt.
Nun, zu sagen, soziale Kräfte tendierten dahin, das bestehende System
zu erhalten, bedeutet noch nicht, wie die strukturfunktionalistischen
Theoretiker seinerzeit betonten, daß sie dies auch tun *sollten*. So stelle
die Verwendung der strukturfunktionalistischen Theorie als konservative Ideologie eine unzulässige Übertragung von Beschreibung zur
Vorschreibung dar. Genug der Fairness! Denn genau diese Übertragung hat, typischerweise unbewußt, häufig stattgefunden. In diesem
Falle wurde die beschreibende Aussage, daß dieser oder jener Aspekt
der Gesellschaft »funktioniert«, als normative Aussage genommen,
daß *daher* die Gesellschaft so, wie sie ist, akzeptabel sei. Es läßt sich
empirisch nachweisen, daß in den 50er Jahren (eine Periode, die eine
immense Ausweitung der Soziologie an den Universitäten und darüber hinaus erlebte) die meisten Soziologen in Nordamerika und in
Westeuropa sich nicht für die Arbeit an irgendeiner Art von radikalem
sozialem Wandel stark machten; die meisten von ihnen waren gewiß
keine Konservativen im Sinne des vorherrschenden politischen Spek-
trums, sondern sie waren Liberale im allgemeineren Sinne, und ihre
Haltung zum Wandel war zum größten Teil mäßig reformistisch,
orientiert an allmählichen oder graduellen Reformen. In dieser Hinsicht waren sie natürlich ihrerseits repräsentativ für ein viel umfassen-
deres intellektuelles Klima.

Heutzutage liegt, allgemein gesprochen, die *politische* Verwendung
von Soziologie (im Unterschied zu bloß *technischen* Anwendungswei-
sen) auf seiten der »Linken«. Das bedeutet natürlich nicht notwendig
eine Hinwendung zum Marxismus oder gar zum Sozialismus. Verbunden ist damit allerdings eine entschieden kritische Haltung gegenüber
den bestehenden institutionellen Einrichtungen in westlichen Gesellschaften, ferner eine Neigung zu radikalem Sozialwandel. Diese allgemein linke Tendenz ist vor allem in den Vereinigten Staaten aufgrund
feministischer und rassischer Formen des kritischen Radikalismus ein
kompliziertes und ideologisch modifiziertes Phänomen. In all diesen
Fällen soll die Soziologie fundamentale Ungleichheiten aufdecken und
in den Dienst politischer Aktivitäten gestellt werden, die das Ziel verfolgen, die sich aus den Ungleichheiten ergebenden Mißstände zu
beseitigen. Der den meisten dieser Varianten radikaler Soziologie
gemeinsame *gauchisme* beruht auf einem allgegenwärtigen Antagonis-

mus zum Kapitalismus und seinen Institutionen, einem Antagonismus, der nicht auf jene beschränkt ist, die sich selbst als Marxisten oder
Sozialisten bezeichnen würden.

Sehr häufig präsentiert sich diese Art von ideologischer Soziologie als
Rebellion gegen die in diesem Kapitel weiter oben erörterte technokratische Verwendung der Soziologie. Soziologie als im Dienst bestehender Technokratien (des Staates, des Wirtschaftssystems und damit
verbündeter bürokratischer Strukturen) befangen soll nun gleichsam
umgedreht werden, um ebendiese Technokratien zu bekämpfen. In
ihrer Kritik an der technokratischen Verwendung der Soziologie würden Leute dieser politischen Orientierung einem Gutteil unserer eigenen Kritik daran beipflichten. Sie verstehen sich nämlich als Anti-
Technokraten *par excellence*. Dieses Selbstverständnis hat zweifellos
eine gewisse empirische Grundlage. Obwohl die meisten dieser Leute
ihren Lebensunterhalt wohl oder übel von den technokratischen
Strukturen beziehen, die sie bekämpfen (einschließlich der technokra-
tisierten Universitäten), ist dies kein Grund, das Selbstverständnis
ihrer kritischen Funktion oder die Aufrichtigkeit ihres Bemühens,
diese Strukturen »umzustürzen«, in Zweifel zu ziehen. Man kann
sogar behaupten, daß sie im großen und ganzen ziemlich gute Arbeit
geleistet haben. Die weitverbreitete Demoralisierung von Technokraten (einschließlich der in der Wirtschaft tätigen) in den westlichen
Ländern läßt sich zumindest teilweise auf die erfolgreichen Bemühungen von Intellektuellen, darunter auch Soziologen, zurückführen, die
bestehenden Technokratien zu »entlegitimieren«.

Um so wichtiger ist es, eine höchst bedeutsame Ähnlichkeit zwischen
den beiden Tendenzen zu erkennen – das heißt zwischen der ideologischen und der technokratischen Verwendung von Soziologie: *In beiden Fällen wird dem soziologischen Unternehmen eine von außen
kommende Relevanzstruktur aufgedrückt.* Und in beiden Fällen ist
diese externe Relevanzstruktur *pragmatisch*, das heißt, der Soziologie
wird kein anderer theoretischer Bezugsrahmen auferlegt (wie es beispielsweise geschieht, wenn Psychologen oder Philosophen die Soziologie »annektieren«), sondern sie wird zu praktischen Zwecken einge-
spannt. Es kann also nicht überraschen, wenn es *mutatis mutandis* zu
einigen ähnlichen Konsequenzen kommt. Anders gesagt, der Soziologe, der sich im Bauch einer technokratischen Organisation versteckt,
hat mit seinem in revolutionäre Enklaven entrückten Mitbruder mehr
gemein, als beide erkennen möchten.

In beiden Fällen ist die soziologische »Sichtweise« untergeordnet dem pragmatischen Imperativ, »verwertbare Resultate« zu erzielen. Diese Resultate werden in beiden Fällen (typischerweise unbewußt) dem gerade angestrebten Zweck angepaßt; wir haben bereits weiter oben darauf hingewiesen, daß dahinter typischerweise *keine* bewußte Täuschung steht, sondern es handelt sich einfach um eine Reaktion auf den sozialen und folglich kognitiven Druck der Situation. Und in beiden Fällen wird der spezifische Charakter des soziologischen »Geistes« absorbiert oder weitgehend modifiziert durch etwas anderes –: durch die weiter oben erörterte »Ingenieurs-Mentalität« beziehungsweise durch die »revolutionäre Mentalität« welcher Gruppierung auch immer. Diese Prozesse führen auf seltsame Weise zu einem ähnlichen Ausweichen vor dem Interpretationsakt. Beide haben aus unterschiedlichen Gründen große Schwierigkeiten, die vom Interpretationsakt geforderte intellektuelle Disziplin durchzuhalten. Folglich sind beide empfänglich für Betrachtungsweisen, durch die die empirische Realität der sozialen Welt verzerrt wird. Des weiteren bringen sowohl Technokratie wie Ideologie eine seltsam ähnliche Art kognitiven Elitentums mit sich – auf der einen Seite den »Experten«, auf der anderen die »Avantgarde« des revolutionären Strebens nach Wandel, als die sich die jeweilige Gruppierung definiert. Je nachdem ob ein Teil der Öffentlichkeit ansprechbar ist, findet schließlich eine Ideologisierung des Alltagsbewußtseins statt, die starke strukturelle Ähnlichkeiten mit der oben erörterten Verwissenschaftlichung hat. Slogans, theoretische Klischees, Versatzstücke des ideologischen Modells werden dem gesellschaftlichen Alltagsleben übergestülpt. Um sich eine Vorstellung davon zu machen, braucht man sich nur in diese oder jene radikalisierte studentische Subkultur zu versetzen und zuzuhören, wie die Leute über ihr Privatleben, ihre Sexualität, ihre Kinder, ihre Berufsprobleme usw. reden. Ein besonders interessanter Aspekt dieser Ideologisierung des Alltagsbewußtseins ist das, was man als »institutionalisierte Wut« bezeichnen kann: Da die meisten der hier in Frage stehenden Ideologien der Gesellschaft weitgehende und unerträgliche Mißstände vorhalten, wird den Leuten, die sich für diese Ideologien einsetzen, ein Wutzustand ansozialisiert, der zur Gewohnheitshaltung wird, der jederzeit abrufbar ist und daher ganz mechanisch aktiviert werden kann, sobald eine Situation als für seinen Ausdruck angebracht definiert wurde.

Angesichts all dessen ist es auch nicht weiter überraschend, daß sich an manchen Orten (wiederum in Europa wie auch in Amerika) zwischen den »harten« Positivisten alter Schule und den revolutionären Ideologen innerhalb der Disziplin eine freundschaftliche Beziehung und gelegentlich sogar eine Allianz hergestellt hat. Bei einer solchen Vereinigung haben beide Seiten greifbare Vorteile. Die Positivisten in ihrer interpretativen Armut entleihen sich von den Ideologen aufregende Bedeutungen; man könnte sagen, sie verschaffen sich auf diese Weise Entlastung von der kognitiven Malaise ihrer Abstraktionen. Die Ideologen ihrerseits können sich auf positivistische Methoden zurückfallen lassen, um so ihren Status als »Wissenschaftler« zu legitimieren. Das Paradigma dieser nicht so seltsamen Affinität ist das alte Ideal eines »wissenschaftlichen Sozialismus«, doch heute begegnen uns auch andere Versionen dieser Auffassung. Es versteht sich, daß hinter dieser Art von Annäherung auch ganz konkrete praktische Motive stehen können, wie etwa solche der Bildungspolitik; doch auch dann wäre es in der Regel irreführend, an bewußt politische Verschwörungen zu denken, denn Affinitäten dieser Art stellen sich normalerweise in spontanerer, unreflektierter Weise her. Wie sie auch zustande kommen mag, diese Allianz hat erhebliche Macht, denn sie stellt sozusagen eine Eheschließung dar zwischen utopischer Hoffnung und anscheinend wissenschaftlicher Strenge und Gründlichkeit. Zum Höhepunkt dieses Dramas tritt die Gestalt des Soziologen auf, der diese oder jene marxistische (oder feministische, schwarz-nationalistische oder was immer) Behauptung *mathematisch genau* »beweist«. Über den Charakter positivistischer »Beweise« ist weiter oben genug angeführt worden, um Skepsis zu wecken gegenüber dem wissenschaftlichen Status solcher Errungenschaften.

Das allgemeine Problem sowohl technokratischer wie ideologischer Benutzung von Soziologie liegt in der Beziehung von Theorie und Praxis. Nach unserer Ansicht kann es gewiß eine Beziehung geben, doch es ist keine unmittelbare, »Eins-zu-eins«-Beziehung. Es ist vielmehr eine »gebrochene«. Der Soziologe, der sich einem pragmatischen Projekt widmet, sei es technischer oder politischer Natur, muß sich dieser »Gebrochenheit« immer bewußt bleiben, will er nicht in eine pragmatische Mentalität hineingezogen werden, die am Ende den Bestand der wissenschaftlichen Haltung gefährdet. Um es zu wiederholen, er muß sich seiner »doppelten Staatsbürgerschaft« bewußt bleiben. Ohne Zweifel verlangt dieses eine besondere Anstrengung von einem Soziologen, der sich einer revolutionären Vision sozialen Wandels verpflichtet fühlt – mehr als im Falle eines Soziologen im Dienste der Technokratie, wo kühle Distanz sowohl sozial wie psychologisch leichter aufrechtzuerhalten ist. Doch selbst für den leidenschaftlichen Revolutionär gilt, daß Wissenschaft als solche nicht für den Praktiker geschaffen ist – und daß sie genau aus diesem Grunde praktisch am nützlichsten ist, wenn sie ihre kognitive Integrität bewahrt. Vor dem Hintergrund der jüngst geführten Debatte scheint es geradezu paradox, daß ausgerechnet der Revolutionär, mehr als jeder andere, für den Fall, daß er sich der Soziologie bedienen möchte, sehr darauf bedacht sein sollte, ihren autonomen, objektiven und in der Tat wertfreien Charakter zu wahren. Trotzdem, je mehr ein Mensch sich einer politischen Sache verbunden weiß, desto mehr sollte er sich davor hüten, eine Sozialwissenschaft welcher Art auch immer, die er als nützlich für diese Sache erachtet, zu ideologisieren.

Diese Überlegungen treffen auf jede Form ideologischer Soziologie zu, ob sie »befreiungsorientiert« ist oder nicht, ob sie sich als »links« oder als »rechts« versteht. Wenn sich zu irgendeinem zukünftigen Zeitpunkt das politische Klima unter den westlichen Intellektuellen ändern und irgend jemand eine, sagen wir, »Soziologie des freien Unternehmertums« konstruieren sollte, würden ebendiese Überlegungen auch für einen solchen Plan gelten. Doch der paradigmatische und empirisch auch wichtigste Fall der Ideologisierung von Sozialwissenschaft ist natürlich der Marxismus mit seiner Fusion von utopischer Vision und »Wissenschaft« und seiner sogenannten Einheit von Theorie und Praxis. Daher seien hier dem Marxismus einige Anmerkungen gewidmet.

Wir beschäftigen uns in diesem Zusammenhang *weder* mit den Verdiensten dieser besonderen utopischen Vision *noch* mit der empirischen Stichhaltigkeit dieser oder jener marxistischen Behauptung. So kann man unsere Auffassung von Soziologie als Wissenschaft teilen und zugleich inbrünstig an die Gerechtigkeit und Wünschbarkeit des Sozialismus oder an die Richtigkeit einer Anzahl von marxistischen Interpretationen der heutigen Welt glauben – sagen wir, an den unvermeidlich imperialistischen Charakter des modernen Kapitalismus, an die politische Herrschaft von Großunternehmen in Amerika oder an den Klassenkampf als die fundamentale politische Realität der westlichen Gesellschaften. Mit den hier dargestellten Ansichten *ist unverträglich* das Konzept der von Marx selbst und der großen Mehrheit seiner Anhänger seither vertretenen Beziehung von Theorie und Praxis. Dieses Konzept besitzt einen zutiefst ideologischen Charakter, der mit der Wissenschaft, wie wir sie verstehen, nicht in Einklang zu bringen ist. Nun, das heißt *noch lange nicht,* die von Marx und später den

Marxisten gelieferten wissenschaftlich stichhaltigen Befunde und
Interpretationen zu leugnen. Mit anderen Worten, es ist durchaus
möglich (und notwendig, wie wir glauben), die wissenschaftlichen und
die ideologischen Elemente des Marxismus voneinander zu lösen.
Wenn man das tut, kommen ganz erhebliche Leistungen des Marxismus zum Vorschein. Man braucht nur die Verbindung von sozialwissenschaftlicher Theorie, Geschichte und philosophischer Anthropologie (vor allem in Marx' Frühwerk) zu erwähnen; ferner die Beschäftigung mit der Beziehung zwischen ökonomischen Kräften, Klasse und
Macht – und wahrlich das, was man die *Entdeckung* der Klasse als
einer primären soziohistorischen Realität bezeichnen kann; dann die
Theorie der Klasseninteressen und das Überbau-Unterbau-Modell,
das sozusagen die Grundlagen für jede Wissenssoziologie (selbst jener
Ableger, die sich später vom Marxismus entfernten) legte; die Ausarbeitung eines soziologischen Ansatzes der Geschichtsforschung (einschließlich so spezifischer Interpretationen wie der klassische Marxsche Essay über den achtzehnten Brumaire). Vieles davon ist zum
gemeinsamen Besitz der soziologischen Tradition insgesamt geworden, einschließlich der Weberschen Strömung in ihr. Dieser Beitrag
kann weiterhin für Soziologen von Wert sein, vor allem wenn sie
unterscheiden zwischen kruderen Formen des Marxismus (wie Lenins
»historischer Materialismus«) und anspruchsvolleren Formen des
Neo-Marxismus, von denen einige Affinitäten mit den hier vorgetra-
genen Auffassungen von soziologischer Interpretation bekundet
haben.

Die spezifischen Interpretationen der modernen Welt, mit denen wir
uns von jeder Form des Marxismus oder Neo-Marxismus unterscheiden, liegen außerhalb der Absichten dieses Buches. Mit Nachdruck
müssen wir hinweisen auf die klare Grenze zwischen unserem Verständnis von soziologischer Methode und jeder heute Einfluß aus-
übenden Form des Marxismus. Diese Grenze ist nicht notwendigerweise substantiell. *Jede* substantielle Aussage des Marxismus kann im
Prinzip innerhalb des hier entwickelten Bezugsrahmens behandelt
werden. So sind zum Beispiel die Aussagen von Marxisten über die
Wechselbeziehung zwischen Kapitalismus und Imperialismus mit
Hilfe von sozialwissenschaftlichen Methoden, denen wir rückhaltlos
zustimmen würden, durchaus »erforschbar«. Wenn man sich solcher
Methoden bedient, lassen sich spezifische marxistische Hypothesen zu
diesem Thema entweder stützen oder falsifizieren. Die Grenze ist vielmehr methodologischer Natur. Im Marxismus herrscht aufgrund der

tief in ihm wurzelnden Verbindung zwischen utopischen und wissen-schaftlichen Relevanzen ein ideologischer Geist, der die soziologische »Sichtweise« ständig durchkreuzt. Dieser Geist macht marxistische Soziologen gegenüber entscheidenden Elementen der sozialen Wirk-lichkeit häufig blind. Nehmen wir zum Beispiel die bizarre Suche mar-xistischer Soziologen in westlichen Ländern nach einem empirisch nicht feststellbaren »Proletariat«: Da die Existenz dieser Klasse eine ideologische Forderung ist, wurden die geistreichsten Mittel und Wege entwickelt, sie zu »entdecken« (brutal gesagt, zu erfinden). Oder nehmen wir als weiteres Beispiel die bemerkenswerte Unfähigkeit marxistischer Soziologen, die soziale Realität bestehender sozialisti-scher Gesellschaften ins Licht zu rücken – eine Realität, die sich natür-lich nur schwer mit der Ideologie vereinbaren läßt. In den schwerwie-gendsten Fällen (und keineswegs nur im Fall der legitimierenden Ideo-logen in der Sowjetunion und anderen sozialistischen Ländern, die etwas tolerieren, was sich »Soziologie« nennt) führt diese Haltung zu in sich geschlossenen, dogmatischen Gedankensystemen, die eine unmittelbare Antithese zur Wissenschaft darstellen.

In diesen Fällen wird »Soziologie« zu einer Ableitung aus den in der Ideologie vorgegebenen Apriori-Prinzipien, zu einer Auffaltung einer bereits bekannten »Wahrheit«. Man »weiß« von Anfang an, was man finden wird, und so ist es keine Überraschung, daß es einem gelingt, es zu finden. Dies sind, wie gesagt, Extremfälle (doch deswegen keine seltenen). Doch selbst wenn diese oder jene Variante in diesem Sinne nicht dogmatisch ist, so läßt sich dennoch stets eine totalistische Ten-denz feststellen. Der Grund dafür liegt ganz einfach in dem marxisti-schen Ideal einer Theorie, die ein allumfassendes System darstellt – ein Ideal, was eine merkwürdige Ähnlichkeit mit dem totalistischen Ideal des Positivismus besitzt. Zur Abwehr dieses Ideals ist es außerordent-lich wichtig, auf dem unvermeidlich begrenzten, »aspekthaften«, »per-spektivischen« Charakter der soziologischen Interpretation – und in der Tat aller Wissenschaften – zu bestehen. Das totalistische oder systemorientierte Bestreben des Marxismus verhindert die Interpreta-tion empirisch zugänglicher Bedeutungen, weil diese stets (wie will-kürlich auch immer) in eine vom theoretischen System als ganzem abgeleiteten Apriori-Relevanzstruktur gestellt werden. Aufgrund die-ses Apriori-Charakters bedroht jede einzelne Falsifizierung das System insgesamt. Darum leiden Marxisten (in dieser Hinsicht ganz so wie Anhänger anderer in sich geschlossener, dogmatischer Systeme) gleichsam unter einer chronischen kognitiven Angst. Wenn bestimmte

Bedeutungen innerhalb der Gesellschaft nicht in das theoretische
System passen, wird die Kategorie des »falschen Bewußtseins«
bemüht, um die Diskrepanz zu erklären. Wenn beispielsweise konkrete Individuen, die nach der marxistischen Theorie zum Proletariat
gehören »sollten«, sich empirisch nachprüfbar als zur Mittelschicht
gehörig definieren, kann man ihnen »falsches Bewußtsein« zuschrei-
ben. Diese bereits im marxistischen Konzept vom Überbau implizit
angelegte theoretische Strategie gestattet es, gewisse Bedeutungen als
Epiphänomene zu interpretieren. Durch solche Strategien werden das
System als ganzes und darin enthaltene spezifische Subtheorien gegenüber Falsifizierung immunisiert.

Die Grenzlinie verläuft hier besonders scharf, weil der Marxismus
nicht nur ein theoretisches System ist, sondern, durch Selbstdefinition,
ein System praktischer Normen und Programme für politische
Aktion. Dadurch wird das Problem der Koexistenz von marxistischen
und nicht-marxistischen Sozialwissenschaftlern besonders schwierig.
Als Parallele bietet sich in diesem Zusammenhang nicht die Koexistenz
von anderen sozialwissenschaftlichen Schulen (selbst die, sagen wir,
von Positivisten und Weberianern) an, sondern vielmehr die zwischen
Anhängern unterschiedlicher Theologien oder religiöser Anschauun-
gen. Wir können hier auf dieses Problem nicht näher eingehen (es stellt
sich offensichtlich in verschiedenen Ländern unterschiedlich). Wir
müssen an diesem Punkt nur auf der oben erwähnten methodologischen Grenze bestehen, die für unser Verständnis des soziologischen
Unternehmens von entscheidender Bedeutung ist. Nachdem wir den
Marxismus als Paradigma für die Ideologisierung der Soziologie hingestellt haben, müssen wir es nun dem Leser überlassen, das Paradigma auf andere heutige Formen ideologisierter Soziologie zu übertragen. Das dürfte für ihn keine schwierige Aufgabe sein.

Alle ideologisierten Versionen der Soziologie, und in der Tat alle ideologischen Systeme, sind zutiefst verführerisch. Auf der kruderen
Ebene besteht der Grund dafür in der Tatsache, daß sie das intellektuelle Unternehmen erleichtern – und das nicht notwendigerweise nur
in einem abwertenden Sinne. Einer der fundamentalen Beweggründe
des menschlichen Intellekts ist das Streben nach sinnvoller Ordnung –
und ideologische Systeme bieten gerade eine solche Ordnung an.
Wenn man mühelos anwendbare Interpretationsschemata zur Hand
hat, ist die Aufgabe weniger beschwerlich, die endlos fließende, häufig
chaotisch erscheinende Realität zu greifen und zu begreifen. Doch da

ist noch eine tiefer liegende Ebene verführerischer Verlockung. Ideologische Systeme bieten dem Menschen etwas an, was Max Scheler als »Heilswissen« bezeichnet hat – das heißt Wissen, das nicht nur intellektuelles Verstehen, sondern auch existentielle Hoffnung und moralische Anleitung bereithält. Dies ist besonders verlockend in einem Zeitalter der Säkularisierung und Relativität, in dem die traditionellen Religionssysteme für viele (vor allem für Intellektuelle) unplausibel geworden sind und in dem Moralität ein höchst unsicheres Geschäft ist. Max Weber hat auf das universale menschliche Bedürfnis nach Theodizeen aufmerksam gemacht, das heißt auf das Bedürfnis nach Erklärungen und »Antworten« auf das Problem des Leidens und der Ungerechtigkeit in der Welt. Und Ernest Becker hat die Auffassung vertreten, daß die ganze Geschichte der Soziologie zumindest teilweise verstanden werden kann als Suche nach Theodizee – oder, wie er es genannt hat, nach Erklärung der »Struktur des Bösen«. Doch Soziologie der Art und Weise, wie wir sie verstehen, kann diese Aufgabe niemals erfüllen. Soziologie muß stets vor der Schwelle von Aussagen stehenbleiben, die erkennbar die Natur einer Theodizee haben könnten. Mehr noch, eine empirisch orientierte Soziologie wird immer wieder zu der Schlußfolgerung kommen müssen, daß es für verschiedene Probleme der Gesellschaft keine Lösungen gibt, die ohne weiteres verfügbar sind. Dies ist, wie Weber sehr klar gesehen hat, das tragische Element an der soziologischen Perspektive.

So ist es sowohl soziologisch wie psychologisch verständlich, daß Menschen (vielleicht besonders, wenn sie jung sind) sich zu theoretischen Systemen hingezogen fühlen, die vorgeben, umfassende »Antworten« anbieten zu können. Zu verstehen heißt nicht zuzustimmen. Wie beschwerlich oder frustrierend es auch sein mag, intellektuelle Redlichkeit nötigt einen, darauf zu beharren, daß Soziologie keine Theodizeen liefern kann, daß Soziologie agnostisch bleiben muß, wenn es um die letzten Fragen nach der individuellen und kollektiven menschlichen Existenz geht. Die einzelnen Soziologen haben verschiedene Möglichkeiten, mit diesem Faktum zu Rande zu kommen, sei es durch Festhalten an einem Glauben und an Werten, die sich von außerhalb ihrer Wissenschaft herleiten, oder (wie es bei Weber der Fall war) durch Kultivierung einer Art von Stoizismus. In beiden Fällen besteht einer der ambivalenten Vorteile der soziologischen Perspektive darin, noch eine weitere Seite des *sentimiento trágico de la vida* kennenzulernen, eines Gefühls, das nicht nur Belastungen, sondern auch Tröstungen mit sich bringt.

KAPITEL 6

Soziologie in der Krise der modernen Welt

Wenn wir uns in Gedanken um viele Jahrtausende zurückversetzen in die Morgendämmerung der Geschichte, können wir uns vielleicht versuchsweise das Auftauchen des allerersten Intellektuellen vorstellen. Nachdem die Leute jahrhundertelang nichts anderes getan hatten, als rhythmisch mit Steinwerkzeugen drauflozudreschen und das Feuer am Verlöschen zu hindern, kam *irgend jemand* daher, der diese gesundheitsfördernden Tätigkeiten lange genug unterbrach, um eine Idee zu haben, die er oder sie anschließend den anderen Stammesmitgliedern verkündete. Wir gehen sicher nicht fehl mit der Annahme, daß die Idee folgendes zum Inhalt hatte: »Der Stamm befindet sich in einem Krisenzustand!« Seither hat sich an den Verhältnissen nichts mehr geändert. Intellektuelle haben ein legitimes Interesse daran, Krisen zu verkünden, weil solche Äußerungen das öffentliche Interesse auf sich ziehen und der Beschäftigung von Intellektuellen Legitimität verleihen, der Beschäftigung nämlich, Ideen *zu haben*. Diese Beschäftigung hängt ab von Subventionierung und praktischer Nützlichkeit, die häufig von denen in Zweifel gezogen wird, die aufgerufen werden, die Subventionierung zu leisten. Wir erwähnen dies hier nur, weil es ratsam ist, sich gesunder Skepsis zu befleißigen, wenn von Krisenzuständen die Rede ist. Die meisten Leute fristen ihr Leben, ohne sonderlich auf Krisen, die von Intellektuellen diagnostiziert werden, Bezug zu nehmen, und sie kümmern sich lieber um die uralten Krisen der persönlichen Existenz – um Sinneslust, Elternschaft, Krankheit, Altwerden und dergleichen –, als daß sie noch viel Zeit erübrigen könnten, um sich um die vermeintlichen Gebrechen der größeren Gesellschaft sorgenvolle Gedanken zu machen. Dies war wahrscheinlich auch nicht anders in solchen Zeitläuften wie den letzten Tagen des Römischen Reiches, als die barbarischen Horden sich über die Grenzen ergossen und eine römische Institution nach der anderen in der Versenkung verschwand – und jene Intellektuellen, die eine Krise beschworen hatten, vielleicht posthum rehabilitiert wurden.

Wenn wir also von der Krise der modernen Welt sprechen, dann nicht mit schrillen prophetischen Tönen, sondern behutsam und skeptisch – hypothetisch, wenn man will. Doch wir vertreten die Auffassung, daß die Modernität in ein kritisches Stadium ihrer Geschichte eingetreten ist und daß die Krise sich verschärft. Wir können diese These hier unmöglich vollständig darstellen und erläutern (das haben wir an anderer Stelle getan), und so müssen einige skizzenhafte Anmerkungen genügen.

Modernität ist kein dunkles Geheimnis. Sie ist ein Konglomerat technologischer, ökonomischer, sozialer und kognitiver Elemente, die der Historiker und der Sozialwissenschaftler allesamt empirisch feststellen kann. Von seiner jeweiligen Werthaltung aus kann man die Modernität entweder als Verkörperung des »Fortschritts« preisen oder als »Niedergang« der Kultur beklagen. An dieser Art von Einschätzung und Bewertung können die empirischen Wissenschaften keinen Anteil haben. Sie können Modernität nur als ein soziohistorisches Phänomen unter anderen erkunden, können ihre hervorstechenden Merkmale und Ursachen zu verstehen suchen und schließlich ihre künftigen Entwicklungen zum Teil vorhersagen, möglicherweise und stets in der hypothetischen »Wenn ... dann«-Form. So gesehen, ist es am überzeugendsten, Modernität zu verstehen im Sinne von Transformation menschlichen Lebens im Gefolge der technologischen Innovationen der letzten Jahrhunderte. Das Herzstück, die Antriebs-»Maschine« der Modernität, ist die permanente technologische Revolution. Doch die Auswirkungen erstrecken sich weit über den eigentlichen Bereich der Technologie hinaus; sie haben praktisch alle Institutionen, die globalsten und die privatesten, von Grund auf geändert und sind ins innerste Bewußtsein der Menschen eingedrungen. All diese Auswirkungen, einschließlich der innerhalb des Bewußtseins, sind empirisch zugänglich und somit Gegenstand wissenschaftlicher Forschung.

Es kann keinen Zweifel darüber geben, daß viele Menschen die Modernität als Errungenschaft erlebt haben, die große Wohltaten gewährt und das menschliche Leben bereichert. Genau dieses Erleben hat der Fortschrittsidee vor allem anderen Glaubwürdigkeit verliehen. Die Wohltaten der Modernität sind in erster Linie materieller Natur; sie bestehen in ungeheuer gewachsenen Lebensstandards, in der Beseitigung von Hunger und Krankheiten, in verringerter Sterblichkeit und verlängerter Lebenserwartung. Doch die Modernität hat auch nichtmaterielle Vorteile mit sich gebracht, einschließlich der Idee individueller Freiheit, die seit der Aufklärung von so zentraler Bedeutung ist.

Zur gleichen Zeit ist die Modernität auch als Phänomen erlebt worden (bisweilen von denselben Leuten), das mit schwerwiegenden Kosten verbunden ist. Einige sind ebenfalls materieller Art; sie ergeben sich aus den Erschütterungen, die vor allem in den frühen Stadien der Modernisierung auftreten. Andere Kosten sind nicht-materiell, aber deswegen nicht weniger beunruhigend – der Zusammenbruch traditioneller Gemeinschaften, die Auferlegung neuer Rollen und institutioneller Muster, der Verlust an Plausibilität alter Wert- und Glaubensvorstellungen. In den schwerwiegendsten Fällen stürzen diese Kosten den einzelnen in einen Zustand der *Anomie*, das heißt in einen Zustand der Wurzellosigkeit, der Desorientierung, des Gefühls der Unbehaustheit in der Welt.

Diese Unzufriedenheit mit der Modernität hat von Anfang an Widerstand in den verschiedensten Formen auf den Plan gerufen. Bisweilen sind diese Widerstände gewalttätig und politisch gewesen, bisweilen nicht mehr als Bemühungen von Menschen, bestimmte Lebensbereiche vor den Wandlungskräften der Modernität zu bewahren. Solches Aufbegehren gegen die Modernität ist in Europa unmittelbar nach ihrem Einsetzen zu beobachten gewesen; es breitet sich heutzutage über die ganze Dritte Welt aus, und auch in den hochentwickelten Industriegesellschaften stoßen wir auf vergleichbare Phänomene. So ist das kürzliche Aufwallen eines ungestümen islamischen Neotraditionalismus in verschiedenen Ländern, das sich freilich wie alle historischen Phänomene von einigem Gewicht nicht auf eine einzige Ursache zurückführen läßt, zumindest *auch* eine Manifestation des Widerstandes gegen die Modernität. In westlichen Ländern ergeben Phänomene wie die Gegenkultur, die radikaleren Flügel der Ökologie-Bewegung und gewisse Aspekte eines neuen religiösen Orientalismus (gleichfalls Phänomene mit komplexen Kausalsträngen) viel mehr Sinn, wenn man sich die in ihnen vorhandenen gegenmodernen Elemente vergegenwärtigt. Die sozialwissenschaftliche Theorie über den Modernisierungsprozeß stellt ihn zum größten Teil als unilinear, irreversibel, vermeintlich unüberwindlich dar. Diese Auffassung muß nach unserer Meinung revidiert werden. Modernisierung steht immer in reziproker Beziehung zur Gegenmodernisierung – und dies von Anfang an. Es gibt Schwankungen in dieser Beziehung, und zuweilen dominiert die eine »Partei« in diesem Disput, zuweilen die andere. Die ältere Modernisierungstheorie hat insofern recht, als Modernisierung die vorherrschende Kraft ist, jedenfalls bis auf den heutigen Tag, während Widerstände der Gegenmodernisierung den Modernisierungsprozeß bezeichnenderweise nur verzögert und modifiziert, aber nicht umgekehrt haben. Der Grund dafür liegt ziemlich einfach darin, daß die technologische »Maschine« der heutigen Gesellschaft ohne praktisch unvorstellbare Erschütterungen nicht zurückgedreht werden kann und daß dieses Kernstück des modernen Systems, sobald es erst einmal installiert ist, seinen Einfluß mit enormer Kraft in jede Institution hineindrückt. Doch, und darauf sollte man hinweisen, die Geschichte der Modernisierung bis heute ist keineswegs ein untrüglicher Richtungsweiser für ihren zukünftigen Kurs, vor allem wenn man bedenkt, daß nicht-westliche Kulturen nun auf Gedeih und Verderb in das Drama verwickelt sind.

Wenn man die Modernität heute als in der Krise befindlich charakterisieren kann, dann besteht einer der Faktoren, der diese Aussage rechtfertigt, darin, daß gegenmodernisierende Kräfte Auftrieb gewonnen haben, sowohl in der Dritten Welt wie im Westen (die Situation in den entwickelten Industriegesellschaften der sozialistischen Welt, eine Gruppierung, die mehr oder weniger mit den Grenzen des sowjetischen Imperiums zusammenfällt, hat eine eigene, deutlich ausgeprägte Dynamik, die wir hier nicht analysieren können). Das Aufkommen des antikolonialistischen Nationalismus und des kulturellen Geltungsbedürfnisses in der Dritten Welt seit Ende des Zweiten Weltkrieges hat gegenmodernisierende Impulse von erheblicher Kraft ausgelöst. Sie beabsichtigen nur selten eine völlige Umkehr der Modernisierung (Burma ist in der frühen Periode der Militärdiktatur ein interessantes Beispiel dafür), sondern suchen zu verhindern, daß die Wirkungen des technologischen Kernstücks sich auf andere Lebensbereiche fortpflanzen – Bereiche wie die Familie, die Religion und sogar die politischen Institutionen. Vieles, was unter dem Namen afrikanischer Sozialismus läuft, ist beispielsweise Ausdruck dieser Intention, ebenso wie die von Gandhi ausgehende Bewegung in Indien und verschiedene neo-buddhistische Bewegungen im Fernen Osten. Auch im Westen hat der wachsende Einfluß der oben erwähnten gegenmodernisierenden Phänomene Auswirkungen, die weit über die Subkulturen, die am unmittelbarsten mit ihnen identifiziert werden, hinausreichen. Der Erfolg von Ökologen, die in einer Anzahl westlicher Länder das Atomenergieprogramm praktisch zum Stillstand gebracht haben, ist das vielleicht dramatischste Beispiel in dieser Hinsicht.

Nun, wir haben soeben gewaltige historische Kräfte erörtert, in deren Zusammenspiel die Soziologie nur eine sehr kleine Rolle hat. Dennoch muß man die heutige Situation der Disziplin vor diesem Hintergrund sehen. Wie wir oben argumentiert haben, ist die Soziologie selbst ein eigentümlich modernes Phänomen, ein Kind der Aufklärung, und ihre besondere Form des rationalen Bewußtseins ist ein auffälliger Aspekt des Modernisierungsprozesses. So stehen in dem gegenwärtigen Disput zwischen Modernität und Gegenmodernität die Soziologen typischerweise auf der Seite der Modernisierung. Sie sind Vertreter des »Fortschritts«, der Rationalität und einer auf Entlarvung erpichten Haltung gegenüber traditionellen Werten und Institutionen. Kürzlich, als sich unter westlichen Intellektuellen gegenmodernisierende Tendenzen ausbreiteten, hat es einige »Verräter an ihrer Klasse« gegeben – Soziologen, die für verschiedene gegenkulturelle Programme und Bewegungen enthusiastisch eintraten –, doch sie bilden eine nicht sehr große Minderheit. Man kann argumentieren (wie wir an anderer Stelle getan haben), daß die sozialistische Ideologie (selbst der marxistische »wissenschaftliche Sozialismus«) in sich sowohl modernisierende wie gegenmodernisierende Themen zur Synthese gebracht hat und daß dieser Umstand einen großen Teil ihrer Anziehungskraft erklärt. Wie dem auch sei, die meisten Soziologen, die sich noch vor kurzem für den Sozialismus oder Marxismus stark gemacht haben, halten sich nun in den meisten Fragestellungen an die modernisierende Seite der Medaille; auch sie sind, freilich nach ihrer Fasson, Kinder der Aufklärung, die für »Fortschritt« und rationale Kontrolle eintreten und typischerweise traditionelle Wertvorstellungen als »Aberglauben« abtun, den es zu überwinden gilt. So ist Soziologie als ganzes weiterhin nicht nur ein modernes Phänomen, sondern auch eine modernisierende Kraft.

Dies ist unvermeidbar, insofern Soziologie Trägerin einer spezifisch modernen Form des Bewußtseins ist (wir möchten in diesem Zusammenhang zum Beispiel auf unsere oben geführte Diskussion über die Relativität verweisen). Eine »gegenmoderne Soziologie« wäre ein Widerspruch in sich selbst (das bedeutet nicht, daß gewisse Leute sich nicht mit Inbrunst an in sich widersprüchliche Gesichtspunkte klammern – solche Leute gibt es immer –, sondern das heißt, daß es gegen eine solche Kombination starke Widerstände gibt, Widerstände, die der beteiligten kognitiven Struktur zutiefst eigen sind). Doch alle bisherigen Aussagen des Buches widersprechen dem Selbstverständnis der Soziologie als einer *Ideologie* des »Fortschritts«, als *Fürsprecherin von Werten* der Modernität. Im Rahmen der Relevanzstruktur der Soziologie erscheint Modernität in der gleichen Weise wie jedes andere soziale Phänomen und hat gegenüber ihren traditionellen oder neotraditionellen Alternativen keinerlei privilegierten Status. Das ist völlig klar, oder sollte es jedenfalls sein. Nicht so klar ist, wie die Soziologie ihre eigenen Modernisierungseffekte verstehen kann – und wie die Soziologen, auf der ethischen Ebene, mit den (bisweilen unbeabsichtigten) Modernisierungsfolgen ihrer Berufstätigkeit fertig werden sollen. Das müssen wir uns in diesem letzten Kapitel anschauen. Wir möchten das Problem hart formulieren: *Die Krise der Modernität hat desintegrierende Auswirkungen. Die Soziologie hat zu dieser Desintegration beigetragen. Was bedeutet das? Was sollten die Soziologen dagegen tun?*

Die Integration der Gesellschaft ist stets ein zentrales Thema der Soziologie gewesen. Man kann sagen, die Kernfrage der Soziologie lautet: Wie ist soziale Ordnung möglich? Diese Frage steht ganz offensichtlich im Mittelpunkt des Werkes von Emile Durkheim und der sich daran anschließenden Entwicklung der französischen Soziologie, doch in weniger expliziter Weise haben sich alle anderen soziologischen Theoretiker mit dieser Frage beschäftigt. Man kann sich nur schwer vorstellen, wie jemand Soziologie, selbst von einer sehr beschränkten Art, betreiben könnte, ohne sich implizit mit dieser Frage auseinanderzusetzen. Umgekehrt ist auch die Dynamik der Desintegration sozialer Ordnung stets ein wichtiger Gegenstand soziologischen Interesses gewesen: Wie und warum fällt eine Sozialordnung auseinander? Ein Soziologe wird die Behauptung aufstellen müssen, daß das Problem sozialer Integration im Menschenleben verankert ist (darum sind beispielsweise die französischen Soziologen der Durkheim-Schule bei ihren Analysen beständig zwischen primitiven und modernen Gesellschaften hin und her gesprungen). Umgekehrt ist soziale Desintegration ein immer wiederkehrendes Phänomen in der Geschichte. Besonders ein klassischer Soziologe, nämlich Vilfredo Pareto, war der Ansicht, daß Zyklen von Integration und Desintegration so etwas wie die Eigenschaft soziohistorischer Gesetze besäßen – eine Vorstellung, die Max Weber beispielsweise aus methodologischen Gründen abgelehnt hätte, die aber viele substantielle Aspekte hat, mit denen er voll in Einklang gewesen wäre. So hat die Desintegration der klassischen Antike, das Problem, »warum Rom fiel«, Pareto intensiv beschäftigt, wie viele andere Historiker und Sozialwissenschaftler.

Wenn man davon ausgeht, daß beim *homo sapiens* seit Beginn der überlieferten Geschichte keine biologische Mutation mehr stattgefunden hat, dann haben Pareto und andere (die sich an Thukydides, den ersten Geschichtsschreiber, hielten, der seine Geschichte des Peloponnesischen Krieges schrieb, damit sie künftigen Generationen als Lektion dienen sollte) recht mit ihrer Auffassung, daß aufgrund der Tatsache, daß die menschliche Natur ist, was sie ist, vergangene Entwicklungen die Gegenwart und auch die Zukunft erhellen können. So neigen heutige Kommentatoren auf allen Ebenen gedanklicher Schärfe zu Vergleichen zwischen, sagen wir, Amerika und dem Alten Rom, zwischen dem modernen Israel und Sparta, zwischen dem Maoismus und einigen früheren Revolutionen in der chinesischen Geschichte usw. Bis zu einem gewissen Punkt können solche Übungen in soziohistorischem Vergleich durchaus nützlich sein. Sie sind dann irreführend, wenn sie spezifisch neue Elemente einer Situation nicht beachten – in unserem Fall die spezifischen *nova* der Modernität. Menschen sind zwar immer noch Menschen, auch in der modernen Zeit; doch die Modernität hat auch einige wichtige Innovationen mit sich gebracht, die keine simple Eins-zu-eins-Identifizierungen moderner und prämoderner Phänomene erlauben. So muß zum Beispiel ein Vergleich moderner und prämoderner imperialistischer Staaten die enorme Ausweitung politischer Kontrollen und militärischer Möglichkeiten im Gefolge der modernen Technologie berücksichtigen. Die Römer hatten keine Atomwaffen, die Spartaner verfügten nicht über die schnelle Beweglichkeit moderner Kriegsgeräte, und kein chinesischer Herrscher konnte bei seinen Bemühungen um Mobilisierung der Massen moderne Kommunikationsmittel einsetzen.

Die spezifisch modernen Probleme der Sozialordnung liegen in institutionellen Entwicklungen begründet, doch diese wiederum werden ebenfalls in spezifisch modernen Bewußtseinsstrukturen verinnerlicht. Wie Max Weber ganz richtig erkannt hat, liegt ein entscheidendes Merkmal der Modernität in der Rationalität. Modernisierung ist sowohl auf der Ebene der Institutionen wie der des Bewußtseins zum großen Teil ein Prozeß der, wie er es genannt hat, »Rationalisierung«. Im Mittelpunkt dieses Prozesses steht die Technologie (die ihrerseits durch die Naturwissenschaften ermöglicht wird), doch es gibt noch zwei weitere ungeheuer mächtige Kräfte der »Rationalisierung« – die kapitalistische Marktwirtschaft und den zentralisierten bürokratischen Staat. Zwischen der Rationalität des Ingenieurs, des Unternehmers und des Bürokraten bestehen signifikante Unterschiede, doch sie alle drei verkörpern (Max Weber würde sagen, sie sind »Träger«) ein modernes rationales Bewußtseins, das in unmittelbarem Widerspruch mit früheren traditionellen Bewußtseinsstrukturen steht. Um noch einmal auf unsere frühere Erörterung der »Ingenieurs-Mentalität« zurückzukommen, die Rationalisierung des Bewußtseins findet beispielsweise dann statt, wenn technische Vorstellungen von »Machbarkeit«, Instrumentalismus und Problemlösung vom eigentlichen Bereich der Technologie auf andere Bereiche des menschlichen Lebens – angefangen von der Politik bis zur Sexualität – übertragen werden. In der Sphäre der Politik wird das Ordnungsproblem dann als ein Problem der »Sozialmanipulation«, des rationalen Managements angesehen. Das hat weitreichende Konsequenzen, von denen die meisten unbeabsichtigt und unerwartet sind.

Es wäre ein Irrtum, zu erklären, diese Rationalisierung der Gesellschaft sei *in sich* ein desintegrierender Faktor (wie viele Traditionalisten oder Neotraditionalisten zu sagen pflegen). Die Rationalisierung von Institutionen und Bewußtsein verträgt sich durchaus mit sozialer Integration – bis das rationalisierte System in »Probleme« gerät, das heißt, wenn das System, aus welchen Gründen auch immer, nicht mehr so funktioniert, wie von ihm erwartet wird. Wenn dies geschieht, sind die Menschen genötigt, sich mit der Frage auseinanderzusetzen, was dieses System »bedeutet«. An diesem Punkt behindert das oben erörterte relativierte und relativierende Bewußtsein die Suche nach »sinnvollen Antworten« erheblich. *Dann erst* ist der Effekt desintegrierend. Daraufhin erfolgt eine »Aushöhlung« der gesellschaftlichen Wertvorstellungen. Die alten Werte, denen immer noch Lippenbekenntnisse gezollt werden, verlieren ihre Plausibilität als Motive und Legitimationen von Handlungen. Sie sind jetzt »leere Formen«, und außerdem verlieren sie ihre alte »bindende« Kraft. Dies ist genau der Prozeß, den manche als *Dekadenz* bezeichnet haben – eine innerhalb der Soziologie völlig akzeptierbare Kategorie, solange man sie in beschreibendem und nicht bewertendem Sinne versteht. Im Extremfall werden Symbole, für die die Leute in der Vergangenheit ihr Leben zu opfern bereit waren, zu Themen für Satire und Spiel. So wurde in den 60er Jahren die Behauptung, Großbritannien sei »dekadent« geworden, dadurch anschaulich verdeutlicht, daß der Union Jack, für den die Diener des Empire in aller Welt gekämpft und ihr Leben gelassen hatten, im »swinging London« als Button auf Blue-Jeans auftauchte. Vergleichbare deutsche Beispiele lassen sich unschwer finden. Auf dieser Ebene können wir in der Tat Ähnlichkeiten mit vergangenen Ereignissen feststellen – so als beispielsweise Alkibiades und seine intellektuellen Freunde während einer wilden Party (sehr »swinging«, kann man sich vorstellen) am Vorabend der sizilianischen Expedition die religiösen Symbole Athens entweihten. Um es zu wiederholen, spezifisch modern ist die Beziehung zwischen rationalisierendem und relativierendem Bewußtsein und dieser Art von Symbol-»Entweihung«.

Ein zur besseren Klärung dieser Beziehung sehr nützliches theoretisches Hilfsmittel ist Arnold Gehlens allgemeine Theorie der Institutionen und ihre Anwendung auf die moderne Situation. Gehlen versteht, ganz kurz gesagt, menschliche Institutionen als Ersatz für zuverlässige Instinkte, die dem *homo sapiens* im Vergleich zu anderen Säugetieren fehlen. Das heißt, Institutionen haben die Aufgabe, feststehende und verläßliche Programme zu liefern, an die sich die Menschen auf einem niedrigen Wahrnehmungsniveau halten können – automatisch, ohne nachzudenken, »spontan«. In diesem Zusammenhang entwickelte Gehlen seine beiden strategischen Konzepte »Hintergrund« und »Vordergrund«. Jede menschliche Gesellschaft besteht aus einem Hintergrund fest programmierter Aktivitäten und einem Vordergrund für mögliche Innovationen einzelner Menschen. Die Aufgabe von Institutionen ist »Hintergrundserfüllung«; in der Tat ist Institutionalisierung der Prozeß, durch den Themen, die zuvor im Vordergrund standen – das heißt voll wahrgenommen und bewußt durchgeführt wurden –, in diesen Hintergrund automatisierter Programme versetzt werden. Nehmen wir etwas anscheinend so Überflüssiges wie die Etikette: Zwei Männer begegnen sich und schütteln sich die Hand. In der Geschichte westlicher Verhaltensweisen geht diese kleine Transaktion sehr wahrscheinlich auf die Zeit des Ritterkampfes zurück: Zwei Ritter, vielleicht bis an die Zähne bewaffnet, gehen aufeinander zu und schlagen ihre gepanzerten Fäuste gegeneinander – und entwaffnen sich zumindest für diesen kurzen Augenblick gegenseitig in einer Darstellung nichtmörderischer Absichten. In den Tagen der Ritter war eine solche Szene vermutlich eine Vordergrundhandlung. Man darf annehmen, daß die daran Beteiligten sorgsam auf ihr Tun achteten und die Bedeutung ihrer Handlung vollständig hätten erklären können. Irgendwann später, vielleicht sogar noch ehe die Ritter für immer von der geschichtlichen Bühne verschwanden, wurde dieser Handschlag zu einer unreflektierten, gedankenlosen und *ipso facto* sinnlosen Geste, zu einem Ritual, das bei bestimmten vorgeschriebenen Gelegenheiten, etwa wenn Fremde einander vorgestellt werden, automatisch durchgeführt wird. Mit anderen Worten, die Geste wurde *institutionalisiert*. Diese Verlagerung in den Hintergrund ist jedoch nicht irreversibel. Man stelle sich vor, Handschütteln wird viel später mit ganz neuen Bedeutungen belegt, sagen wir, es wird mit Menschen identifiziert, die eine bestimmte politische Stellung innehaben. An diesem Punkt ist Handschütteln oder nicht Handschütteln wieder eine Sache bewußter Überlegung und intensiver Bedeutung geworden; es ist keine Handlung mehr, die man spontan durchführen kann. Das Thema ist aus dem Hintergrund »wieder hervorgeholt« worden; oder, wie Gehlen sagen würde, es ist *entinstitutionalisiert* worden.

Ein wichtiger Aspekt dieser Angelegenheit: *Jeder Akt bewußter Aufmerksamkeit auf institutionalisiertes Verhalten ist der Beginn von Entinstitutionalisierung.* Der Grund dafür ist einfach: Wenn ein Mensch zu reflektieren, Wahlmöglichkeiten in diesem bestimmten Lebensbereich zu bedenken und abzuwägen beginnt, dann wird es für ihn bald unmöglich, in der spontanen, selbstsicheren Art und Weise zu handeln, wie sie jedes institutionelle Programm erfordert. Gehlens Konzept der Entinstitutionalisierung läßt sich gut mit einem klassischen Witz verdeutlichen: Ein Mann wurde gefragt, ob er seinen Bart beim Schlafen unter oder über der Bettdecke halte – und wurde prompt von Schlaflosigkeit heimgesucht, da er wachbleiben mußte, um herauszufinden, was er mit seinem Bart tat. Mit anderen Worten, im Sozial- wie im Sexualleben führt Überaufmerksamkeit zur Impotenz. Nun, Gehlen hat die Konzepte Institutionalisierung und Entinstitutionalisierung universalistisch auf ganz unterschiedliche Gesellschaften angewandt. Sie sind nicht auf die moderne Gesellschaft beschränkt. Eigentümlich an der modernen Gesellschaft ist ein hohes Maß an Reflektiertheit, Nachdenken und Wahl – alles Merkmale eines rationalisierten Bewußtseins. Ein Schüler Gehlens, Helmut Schelsky, prägte für diese moderne Eigenschaft den Begriff »Dauerreflexion«. Genau dieser Aspekt des modernen Bewußtseins steht im Widerspruch zu Institutionen, welchen Inhalts auch immer. Anders formuliert, *moderne Gesellschaften zeichnen sich durch ein hohes Maß an Entinstitutionalisierung aus* – oder durch einen ungewöhnlich großen Vordergrundsbereich im Sozialleben. Das bedeutet jedoch auch, daß die moderne Sozialordnung besonders instabil, unzuverlässig, anfällig für Desintegration ist. Man kann diesen Tatbestand auch anders, vielleicht im Sinne von Pareto, beschreiben: Die moderne Gesellschaft neigt zu einer besonders rapide verlaufenden Form von Dekadenz.

Der allgemeine Prozeß der Entinstitutionalisierung läßt sich folgendermaßen charakterisieren: Ein institutionelles System funktioniert, bis, aus welchen Gründen auch immer (sie mögen gesellschaftlicher oder außergesellschaftlicher Art sein), Probleme auftauchen. Das heißt, die Dinge laufen nicht mehr so wie üblich. An diesem Punkt drängen sich sowohl das Problem wie das institutionelle System, in dem es auftaucht, dem Bewußtsein auf. Eine neue bewußte Wahrnehmung macht sich bemerkbar. Die Menschen denken jetzt über Dinge nach, die sie zuvor ohne nachzudenken getan haben. Nun, das ist nicht unbedingt desintegrierend oder destabilisierend – allenfalls anfänglich oder potentiell. Denn die Gesellschaft kann kognitive und normative Schemata bereithalten oder neu entwickeln, die auf die neuen Fragen Antworten zu geben vermögen. In diesem Fall ist das Problem gelöst – nicht unbedingt auf der praktischen Ebene, sondern auf der Bedeutungsebene. Mit anderen Worten, das Problem ist durch den Legitimationsapparat des Systems absorbiert worden. Wenn jedoch solche Schemata oder Antworten nicht verfügbar sind oder nicht neu entwickelt werden können, *dann wird* die neue bewußte Wahrnehmung desintegrierend sein. Die Aufmerksamkeit konzentriert sich nun auf den Hintergrund, und zwar derart, daß er auseinanderzufallen beginnt – oder genauer, bestimmte Segmente des Hintergrunds beginnen wegzufallen. Die alten Schemata für die kognitive und normative Realitätsdefinition werden nach und nach unplausibel, unreal, hohl; *ipso facto* verlieren sie ihre integrative Kraft. Sofern sie weiterhin rituell eingesetzt werden, wird genau diese Benutzung zu einem Dekadenzsymptom.

Der in dem vorhergehenden Abschnitt beschriebene ganze Prozeß kann sich sicherlich auch in einer prämodernen Gesellschaft abspielen. Stellen wir uns beispielsweise eine Gesellschaft vor, deren Angehörige eine frühere Generation von Ethnologen als glückliche, gesunde Wilde bezeichnet hätte. Darunter wird eine Gesellschaft verstanden, die auf primitiver Technologie und Subsistenzwirtschaft beruht, die keine Schrift kennt, über relativ undifferenzierte Institutionen verfügt, die um die Verwandtschaftsstruktur herum gebildet, von einigenden religiösen Symbolen durchdrungen und mit einem starken Sinn für kollektive Solidarität ausgestattet ist. Aufgrund ihres Wesens erzeugt solch eine Gesellschaft relativ wenige *interne* Stimuli für Sozialwandel – die Sozialisation ist gewöhnlich erfolgreich, es gibt nur wenige deviante Mitglieder, potentielle Sozialkonflikte werden durch die kollektive Solidarität scharf kontrolliert. Das Problem ist unter solchen Umständen wahrscheinlich *extern*, das heißt es kommt von außerhalb des sozialen Systems. Es könnte beispielsweise eine Naturkatastrophe sein, sagen wir eine Heuschreckenplage. Stellen wir uns vor, die Heuschrecken bleiben lange Zeit am Ort oder kehren häufig zurück und überziehen die primitive Agrarwirtschaft der Gesellschaft mit dauerhaften Schäden. Tatsächlich ist die Gesellschaft gezwungen, sich zu ihrem Lebensunterhalt vom Ackerbau dem Fischfang zuzuwenden. Doch das Sozialsystem ist seit undenklichen Zeiten mit der Bodenbearbeitung verknüpft. So beruht beispielsweise die Sozialschichtung der Gesellschaft auf dem Besitz von landwirtschaftlich nutzbarem Boden und ist nicht nur mit wirtschaftlichen Privilegien, sondern auch mit Status und politischer Macht verbunden. Auf einmal zieht diese Form der Schichtung kritische Aufmerksamkeit auf sich. Als Folge des ökonomischen Wandels wird sie zunehmend unplausibel, irrelevant. Wenn jene, die zuvor aufgrund der alten Schichtungshierarchie hohe Positionen innehatten, sich nun bemühen, trotz der veränderten Umstände (die zunächst ganz und gar extern waren, über die jedoch nun einzelne Individuen bewußt zu reflektieren beginnen) an diesen Positionen festzuhalten, dann kann ein Prozeß der Desintegration in Gang kommen. Es ist allerdings auch möglich, daß man eine Antwort parat hat: Vielleicht hat es bereits früher eine solche Katastrophe gegeben, und dieses Ereignis spiegelt sich in einem Mythos wider, in dem die alte Landbesitzer-Klasse bei der Rettung der Gesellschaft eine führende Rolle übernimmt, indem sie sich erfolgreich der Fischerei zuwendet, auf diese Weise ihren bisherigen Rang in der Sozialhierarchie behauptend. Eine weitere Möglichkeit ist, daß einige gescheite und vielleicht charismatische Angehörige dieser Klasse einen solchen Mythos *erfinden* und ihn dem übrigen Stamm erfolgreich einzureden vermögen. Es kann natürlich auch sein, daß solche Antworten nicht gefunden werden oder daß sie, wenn doch gefunden, nicht überzeugen können. In diesem Fall kann sich die Gesellschaft am Rande einer sozialen Revolution bewegen. Ein wichtiger Schritt auf dem Wege zu dieser Revolution kann durchaus die Entweihung von Symbolen der alten Ordnung sein, Entweihung mit revolutionärer Absicht durch diejenigen, die sich an die Spitze der Gesellschaft stellen wollen (etwa die neue Fischer-Klasse) – oder, noch interessanter, durch dekadente Mitglieder der alten Elite, die sich in selbstironischer Demoralisierung gefallen.

Wir haben bei diesem Beispiel sorgsam jedes Element der Modernität vermieden. Nehmen wir nun an, daß ein vergleichbarer Prozeß unter den Bedingungen der Modernisierung stattfindet. Die soeben beschriebene Gesellschaft wird, wiederum von außerhalb, durch einen modernisierenden Wandel erfaßt: Die Leute verlegen sich nicht aufs Fischen, weil die Heuschrecken ihre frühere Landwirtschaft zerstört haben, sondern weil Fische plötzlich eine wertvolle Handelsware sind (wenn wir davon ausgehen, daß die Modernisierung in einer kapitalistischen Version eingetreten ist) oder weil die Regierung (unter der Annahme einer sozialistischen oder *dirigistischeren* Version der Modernisierung) entschieden hat, daß die Leute sich dem Fischfang widmen sollen. Das nun auftauchende Problem hinsichtlich des traditionellen Sozialsystems ähnelt auf vielfache Weise dem für das prämoderne Beispiel beschriebenen Problem. Unterschiedlich ist, daß das neue Bewußtsein, die neue Aufmerksamkeit gegenüber der Gesellschaft (man könnte fast sagen, eine beginnende *soziologische* Perspektive) geprägt ist von einer neuen Art kritischer Rationalität. *Sowohl* das dem Stamm durch das Eindringen der Marktwirtschaft aufgenötigte Unternehmertum *wie* die durch Regierungsintervention aufgezwungenen Bürokratiemuster sind rationalisierend im Weberschen Sinne. Wenn der wirtschaftliche Wandel, wie man sich leicht vorstellen kann, begleitet wird von der Einführung moderner Fischereitechniken, kommt noch ein weiteres rationalisierendes Element ins Spiel. Nicht nur die Wirtschaft wird nunmehr rationalisiert, sondern es ist höchst wahrscheinlich, daß es zu einer Übertragung auf andere Institutionen kommt – und, am wichtigsten, zu einer Übertragung auf das Bewußtsein. Die neuen rationalen Bewußtseinsstrukturen stehen in scharfem Gegensatz zu den alten Antworten – in diesem Fall sind sie antimythologisch. In der Tat legt es die neue Rationalität darauf an, die traditionellen Glaubens- und Wertvorstellungen in unmittelbarer und brutaler Weise zu entlarven. Man kann sich leicht ausmalen, welche Entweihungen nunmehr durchgesetzt werden, vor allem von jüngeren Leuten. Mehr noch, welche Probleme auch immer in dem Sozialsystem auftauchen, welcher Art sie auch sein mögen, man geht an sie in der neuen problemlösenden Haltung heran. Mit anderen Worten, die neuen Antworten sind selbst hochrational. Doch hier liegt der Hund begraben. Während der ganzen Erörterung der Soziologie genannten besonderen Form rationalen Bewußtseins haben wir gesehen, daß es gewisse Fragen nach dem Sinn menschlichen Lebens gibt, denen die Rationalität nur sehr unzulängliche Antworten entgegenzuhalten hat. Einfach ausgedrückt, die neue Rationalität kann keine zufriedenstellenden Werte hervorbringen – ausgenommen die rein instrumentellen Werte wie Effizienz, Maximierung usw. Somit wird eine Koexistenz sichtbar zwischen Instrumentalismus und *Anomie*, zwischen ingenieurhaftem Pragmatismus und Dekadenz. Kurz, auch unser kleiner Stamm ist in die Krise der Modernität eingeweiht worden!

Es sollte nicht schwer sein zu erkennen, in welchem Sinne die Soziologie als Wegbereiterin von Dekadenz und sozialer Desintegration angesehen werden kann – nämlich im Sinne einer Diagnose, die selbst Teil der Krankheit ist.

Soziologie ist genau eine der Strukturen modernen Bewußtseins, die Antworten auf die Probleme des Soziallebens liefert – Antworten der eigentümlich modernen Art mit den Merkmalen und Beschränkungen dieses Typs von Rationalität. Soziologie bietet Konzepte und Erklärungsschemata an, mit deren Hilfe die Wandlungsprozesse analysiert und erklärt werden können. Doch während sie dies tut, trägt sie auch zu den Wandlungsprozessen bei. Sie tut dies natürlich besonders dann, wenn die eigentümliche soziologische Perspektive über die wissenschaftliche »Gemeinschaft der Forscher« hinaus in ein größeres Publikum getragen wird (durch Lehre, Schrift, elektronische Medien und was immer). Im Sinn des Interpretationsaktes, wie wir ihn oben beschrieben haben, kann man mit ein wenig poetischer Freiheit sagen, daß mit dieser Verbreitung die wissenschaftlichen »Tugenden« leicht zu kulturellen »Sünden« werden.

Die sich hier vollziehende grundlegende Umwandlung haben wir bereits bei unserer Erörterung der »Verwissenschaftlichung« und »Ideologisierung« des Alltagslebens beschrieben. Die Variante der Verbreitung durch Verwissenschaftlichung ist in gewisser Weise interessanter, weil sie offensichtlich nicht vom Kanon der Wissenschaft, vor allem der wissenschaftlichen Objektivität, abweicht, während die Ideologisierer bezeichnenderweise diesen Kanon ablehnen. Die Verbreitung soziologischer Erkenntnisse und Interpretationen bleibt relativ harmlos, solange davon keine Werte und Normen berührt werden. Werden sie aber berührt, tritt ein spezifischer Wandel ein: *Werte werden zu Wertdaten.* Anders gesagt, *wissenschaftliche Wertfreiheit (innerhalb der wissenschaftlichen Relevanzstruktur völlig angemessen) wird zur Wertfreiheit im Alltagsleben (wo sie nichts zu suchen hat).* Als Folge davon werden normative Aussagen in kognitive übersetzt. So wird beispielsweise die Aussage »Alte Leute sollten mit besonderem Respekt behandelt werden« übersetzt in die Aussage: »In diesem Stamm besteht die Norm, daß alte Leute mit besonderem Respekt behandelt werden sollten.« Die erste Aussage ist eine Wiederholung der Stammesmoral; die zweite beschreibt lediglich, wie diese Moral beschaffen ist, ohne daß ein normativer Imperativ impliziert wäre; statt dessen impliziert die zweite Aussage, daß die Stammesmoral letztlich auch anders beschaffen sein könnte – und so beginnt sie, wie subtil und embryonal auch immer, diese Moral ihres normativen Status zu entkleiden. Hinzu kommt natürlich der im Grunde entlarvende und relativierende Impetus der soziologischen Perspektive. Ein Mensch, der diese Merkmale internalisiert, *ohne* die methodologische Ausklammerung, die ihre wissenschaftliche Verwendung charakterisiert, gerät folglich in eine entfremdende Distanz zur sozialen Realität. Wert- und Glaubensvorstellungen werden in diese Distanzierung einbezogen. So wird, zumindest im Ansatz, ihre Plausibilität untergraben.

Es kann nicht nachdrücklich genug betont werden, daß die*selben* Merkmale der Soziologie, die der wissenschaftlichen Relevanzstruktur angemessen sind, höchst problematisch werden, sobald sie auf die Relevanzstruktur des Alltagslebens übertragen werden. Wenn wir noch einen Augenblick bei dem medizinischen Bild verweilen wollen, so ist es wie die Wanderung von Bakterien von einer Population, wo sie mildes Unbehagen erzeugen, zu einer anderen Population, wo sie eine heftige Epidemie auslösen. Objektive Distanz, Wertfreiheit, Ausklammerung, Ursache-Wirkung-Erklärungen, »Wenn . . . dann«-Logik, angewandt auf moralische Normen – all dies nimmt einen ganz anderen Charakter an, wenn es von der Sozialwissenschaft auf das alltägliche Gesellschaftsleben übertragen wird. Aus kognitiven Hilfsmitteln werden so Faktoren, die zu normativer Desintegration führen.

Es ist nicht notwendig, hier noch einmal auf die obige Beschreibung der sich anschließenden Verwissenschaftlichung des Alltagslebens einzugehen. Die Ideologisierung bringt ähnliche Konsequenzen mit sich. Wir müssen betonen, daß wir keineswegs vorschlagen möchten, daß die Soziologie aufgrund all dessen eine Art Geheimwissenschaft werden sollte, beschränkt auf einen sorgfältig ausgesuchten Kreis von Eingeweihten, oder daß die Öffentlichkeit mit Hilfe dieses oder jenes Zensurverfahrens vor den in der Disziplin angelegten subversiven Möglichkeiten geschützt werden sollte. Solche Vorstellungen widersprechen sowohl der Freiheit wissenschaftlicher Forschung wie den Grundnormen der Demokratie. Wir sind allerdings der Meinung, daß es zur beruflichen Verantwortung von Soziologen gehört, Vorkehrungen gegen diesen Mißbrauch ihrer Erkenntnisse und Interpretationen zu treffen. Methodologische Klarheit ist eine der Voraussetzungen dieser Verantwortung.

»Pop-Soziologie« in allen ihren Varianten ist eine gefährliche Sache. Der Grundfehler, auf den wiederholt hinzuweisen wir uns genötigt fühlten, besteht darin, die deutlichen Grenzen zwischen Wissenschaft und Leben zu übersehen. Bei der Popularisierung macht die Soziologie einen Wandel durch, das heißt, aus einer Methode, die Legitimierungsprozesse in der Gesellschaft zu analysieren, wird sie selbst zu einer legitimierenden oder (heute üblicher) *ent*legitimierenden Kraft. Aufgrund ihrer inhärenten Beschränkungen kann die Soziologie nichts plausibel legitimieren. Sie *kann* allerdings, und zwar mit großem populärem Effekt, *ent*legitimieren. So trägt die Soziologie zur Desillusion, Anomie und normativen Desintegration der modernen Gesellschaft bei. Das ist eine schwerwiegende Angelegenheit, und die Soziologen können die Verantwortung, die sich daraus für sie ergibt, nicht einfach abschütteln.

In dieser Rolle trägt die Soziologie auch zur Aufspaltung der Gesellschaft bei – vor allem zur Aufspaltung in die, die weiterhin nach den alten Wertvorstellungen leben (Rationalität nur in eingegrenzter Weise auf das Leben anwendend), und jene, die neue Werte anbieten möchten, Werte, die angeblich auf wissenschaftlicher Rationalität beruhen. Wie wir bereits weiter oben angedeutet haben, fällt die letztere Gruppe in großem Maße mit einer *spezifischen Klasse* zusammen – mit der »Wissensklasse« oder »neuen Klasse« –, jener Schicht in der modernen Gesellschaft, die ihren Lebensunterhalt aus der Produktion und Distribution von symbolischem Wissen statt von materiellen Gütern bezieht. Da diese Klasse in verschiedene Auseinandersetzungen mit anderen Klassen verstrickt ist, wird die Soziologie in diesen Klassenkonflikt hineingezogen. Damit weicht ein Beruf, der von sich behauptet, mit Wissenschaft beschäftigt zu sein, von seiner eigentlichen Aufgabe ab. Doch abgesehen davon, die praktischen Konsequenzen dieser Verwicklung sind mit ziemlicher Sicherheit für die Disziplin ein Unglück. Bereits auf kurze Sicht wird die Soziologie wahrscheinlich ihren Ruf als objektive Form von Forschung verlieren, wenn man nachweisen kann, daß sie sich in den Dienst spezifischer Interessen gestellt hat. Auf lange Sicht werden die Konsequenzen natürlich vom Ausgang des Klassenkonflikts abhängen. Wenn die Wissensklasse sich erfolgreich als eine der Elite-Schichten der Gesellschaft etablieren kann, wird die Soziologie zur Ideologie des neuen Status quo, zur Ideologie, die die Machtausübung durch diese neue Elite der Rationalisierer rechtfertigt. Das wäre ein trauriges Schicksal für eine Disziplin, die stets stolz gewesen ist auf ihre kritische Einstellung. Andererseits könnte es zu einer Gewaltreaktion der »Einheimischen« gegen diese neue Wissensklasse kommen, zu einer Reaktion in Form einer populistischen Revolte (die »rechts«- oder »links«-gerichtete Formen annehmen könnte) gegen die Intellektuellen und ihre Institutionen. Auch das wären düstere Aussichten. Keiner, der sowohl Wissenschaft wie Demokratie hochschätzt, sollte auf einen der beiden Ausgänge hoffen.

Es ist wichtig, sich klarzumachen, daß diese weitreichenden Auswirkungen der Soziologie nicht von einigen wenigen ausgehen, die durch Lehre und Schrift Einfluß ausüben, wenngleich auch dies geschehen kann. Solche Auswirkungen hat die Soziologie als institutionalisierte Form des Bewußtseins. Das heißt, nicht die Soziologen als Individuen, sondern die Soziologie steht hier zur Debatte – über die offensichtlich ethische Forderung hinaus, daß der einzelne, also auch der einzelne Soziologe, für seine Handlungen verantwortlich ist. Soziologie als Beruf hat einen jeweils spezifischen Platz im akademischen Leben, in anderen intellektuellen Zusammenhängen (wie in Forschungsinstituten, in therapeutischen Einrichtungen und in Planungsstellen), in der Regierung, im Bereich politischer Auseinandersetzungen und in den Medien der Massenkommunikation. Wie jeder andere Beruf hat die Soziologie auch ein berechtigtes Interesse an der Plausibilität und dem öffentlichen Prestige der »Antworten«, die sie zu liefern vermag. Folglich hat die Soziologie auch ein Interesse daran, ihre öffentliche Rolle zu klären, nicht nur in ethischer Hinsicht, sondern auch im Sinne ihrer institutionellen Zukunft. Es versteht sich von selbst, daß der Soziologe, der sich mit der Zukunft der Gesellschaft insgesamt beschäftigt, ein noch stärkeres Interesse an einer solchen Klärung hat.

Es muß jedoch, ethisch gesehen, zwischen zwei Situationen unterschieden werden, in die Soziologen sich gestellt sehen. Da ist zunächst die Situation, in der Werte mehr oder weniger intakt sind, und dann die Situation, in der eine starke Desintegration sichtbar ist. Offensichtlich sind auch Fälle anzutreffen, in denen die Verhältnisse gemischt sind, und dann muß man mit Vernunft und Sachverstand entscheiden, welche ethischen Überlegungen Platz greifen sollen. Für unsere Zwecke sollte es ausreichen, die zwei Situationen näher zu betrachten, die in relativ reiner Form eintreten können.

Nehmen wir an, ich bin Soziologie-Lehrer an einem kleinen konfessionellen College in einer der provinzielleren Gegenden des Landes. Die große Mehrzahl meiner Studenten stammt aus kleineren Städten oder ländlichen Gebieten. Sie ist ethisch und religiös homogen, und ihre Familien gehören zur Mittel- oder unteren Mittelklasse. Wenn wir davon ausgehen, daß an diesem College die Regeln akademischer Freiheit gelten, daß ich also lehren kann, was ich möchte, dann können wir sicher sein, daß meine Soziologie-Kurse bei einigen meiner Studenten mäßige Verwirrung auslösen. Es ist sogar möglich, daß für einige wenige Studenten, wahrscheinlich die intelligenteren, die Verwirrung schwerwiegender ist. Diese Studenten bilden ein besonderes ethisches Problem, vergleichbar dem Problem in der zweiten Situation. Doch die meisten meiner Studenten sind wahrscheinlich durch das, was ich zu sagen habe, nicht ernstlich erschüttert. Tatsächlich können viele von dem, was im Klassenzimmer gesagt wird, keine existentiell relevanten Übertragungen auf das, was im »wirklichen Leben« geschieht, herstellen. Analog können Studenten in einem Einführungskurs für Philosophie zwar irritiert sein, wenn der Lehrer sie auffordert, die Existenz eines Stuhles zu beweisen, den niemand vor Augen hat, doch sie *wissen* während der ganzen Zeit, daß der Stuhl wirklich vorhanden ist; mit anderen Worten, sie sind nur mit einem intellektuellen Spiel im Klassenzimmer beschäftigt. Die gleiche Haltung kann dem auf das Klassenzimmer beschränkten und so von »wirklichen« Belangen abgehobenen Spiel der Soziologie entgegengebracht werden. Natürlich werden einige Studenten erkennen, daß sich die Vorstellungen von der »Konstruiertheit« und Relativität der gesellschaftlichen Welten auch auf ihre eigene Welt anwenden lassen, und dies wird sie sicherlich beunruhigen. Doch die Welt in unserem Beispiel ist noch sehr stark. Ihre kognitiven Definitionen der Realität und ihre moralischen Normen üben weiterhin einen unbefragten, selbstverständlichen Einfluß auf das Bewußtsein der Studenten aus, und es bedürfte mehr als einiger weniger Soziologie-Kurse, um sie diesem Einfluß zu entziehen. Mehr noch, ihre soziale Welt hält Erklärungen und Legitimationen bereit, die durchaus in der Lage sind, mit jeder kognitiven Dissonanz, die ich hervorrufen mag, fertig zu werden. Meine Lehre hat also für diese Studenten nur wenige oder gar keine existentiellen Konsequenzen. Vom pädagogischen Standpunkt aus wäre es sogar noch besser, wenn es mir gelänge, sie ein wenig aufgeschlossener zu machen, sie von einigen obskureren Elementen ihrer glücklichen Provinzialität zu befreien, ohne sie gleich in eine Existenzkrise zu stürzen. Ich brauche mich also nicht mit ethischen Skrupeln über die desintegrierenden Auswirkungen meiner Soziologie zu plagen.

Doch nehmen wir nun an, ich sei Soziologie-Lehrer in einer großen renommierten Universität in einer urbanen Umwelt. Meine Studenten stammen aus sehr heterogenen Verhältnissen hinsichtlich ethnischer Herkunft, Religion und Sozialschicht, doch nur ganz wenige kommen aus einem Milieu, in dem Werte noch intakt sind oder für selbstverständlich genommen werden. Mit anderen Worten, während die Studenten in der erstgenannten Situation noch ein sehr geordnetes moralisches Universum bewohnen, leben diese Studenten in einem chaosähnlichen Zustand, was Bedeutungen, Werte und Identität angeht. Sie wissen nicht, was sie glauben, wie sie ihr Leben führen sollen, ja nicht einmal, wer sie »wirklich« sind. Ich stehe nun vor einer ganz anderen Art von Verantwortung, wenn ich sie, um die Desillusion und Relativität, in der sie bereits leben, vollzumachen, Dinge lehre, die sie nur noch tiefer in die Anomie stürzen können. Es scheint offenkundig, daß ich vor einem ethischen Problem anderer Art stehe, ein Problem, das ich mir vergegenwärtigen muß, wenn ich nicht grob unverantwortlich sein will.

Wie ich als verantwortlicher Lehrer auf diese zweite Situation reagiere (*mutatis mutandis* gelten die gleichen Überlegungen auch für andere Aktivitäten, auf die ich mich als Soziologe einlasse), hängt entschieden von meinen eigenen Wertvorstellungen ab. Angenommen, ich fühle mich, aus religiösen oder anderen Gründen, Werten stark verpflichtet. Das bedeutet, daß ich in der Tat über Werte in einer anderen Eigenschaft als der des Soziologen sprechen kann. Es scheint uns, daß ich in einer solchen Situation die Pflicht habe, meine Studenten mit dieser Tatsache vertraut zu machen – nicht notwendigerweise im Klassenzimmer, wenngleich dies auch da angemessen sein mag. Mit anderen Worten, ich muß ihnen klarmachen, daß ich die wertfreie Analyse der Soziologie nicht als letztes Wort zum Dilemma der Werte ansehe, vor dem sie und ich in unserem gewöhnlichen Leben stehen. Natürlich ist damit nicht gemeint, daß ich verpflichtet bin, den Studenten meine eigenen Wertvorstellungen zu »predigen«; dafür werde ich von der Universität nicht bezahlt, und dem brauchen die Studenten auch nicht zuzuhören. Doch ich muß, wie immer es in meiner besonderen Situation auch angebracht scheint, die Tatsache durchscheinen lassen, daß ich ein moralischer Mensch wie auch Soziologe bin. Anders gesagt, ich muß meine »doppelte Staatsbürgerschaft« bewußt ausüben, wenngleich ich stets ganz deutlich machen muß, wann ich als Soziologe oder wann ich in einer anderen Eigenschaft rede – etwa in der Eigenschaft als Christ, als politisch engagierter Mensch, als betroffener Bürger usw.

Es ist natürlich auch möglich, daß mein moralisches Universum genauso aus den Fugen geraten und unsicher ist wie das meiner Studenten. In diesem Fall kann ich keine Werthaltung durchscheinen lassen. Man kann sicherlich nicht von mir erwarten, so zu tun, als hätte ich eine bestimmte Position, nur damit meine Studenten weniger beunruhigt sind – das wäre nicht nur heuchlerisch, sondern auch selbstschädigend. Ich muß jedoch in solch einem Fall klarstellen, daß meine Darstellung von Soziologie andere nicht daran hindern kann, Wertpositionen einzunehmen, zu denen ich nicht in der Lage bin. Zumindest muß ich immer betonen, daß die Soziologie keine normative Disziplin ist und daß Leute, die normative Anleitung wünschen, sich anderswo umschauen müssen. Ich kann, wie wir es in diesem Buch getan haben, weiterhin darauf bestehen, daß die Soziologie bei der Suche nach Werten durch Klärung von Wahlmöglichkeiten und »Wenn . . . dann«-Szenarios sowie der wahrscheinlichen Konsequenzen von Handlungen von Nutzen sein kann.

Wir haben mit diesem Buch nicht die Absicht verfolgt, eine weitere Schule der Soziologie vorzustellen – eine Schule, die sich womöglich mit dem Etikett »interpretationistisch« oder einer ähnlichen Wortmonstrosität belegt. Wir wollten vielmehr eine gemeinsame Grundlage zu klären versuchen, auf die sich verschiedene (wenngleich sicherlich nicht alle) bestehende Schulen einigen könnten. Und als wir mit Nachdruck die klassischen Ideen der Objektivität und Wertfreiheit beim soziologischen Unternehmen betonten, hätten wir die Vorstellung von uns weisen sollen, daß damit eine Haltung distanzierter, zynischer Beobachtung einer desintegrierenden Gesellschaft verbunden ist. In Übereinstimmung mit der klassischen Periode in der Geschichte der Disziplin haben wir auch die intellektuelle Absicht der Soziologie bekräftigt, eine umfassende Sicht der modernen Welt zu gewinnen, eine Absicht, mit der die Soziologie in die unmittelbare Nachbarschaft anderer Humanwissenschaften, vor allem der Geschichte, und der Philosophie rückt.

Ganz abgesehen von möglichen praktischen Anwendungen der Soziologie (die wir trotz wiederholter Mahnungen zur Vorsicht im Prinzip nicht bestritten haben) eröffnet eine solche *reprise de conscience* eine erhebliche Anzahl von Forschungswegen, von denen manche in Einklang stehen mit klassischen Fragestellungen und manche als Folge neuer Umstände ihrer Natur nach innovative Unternehmen sind. Zwei Schlüsselphänomene der modernen Welt sind individuelle Autonomie und politische Freiheit, beide sowohl als normative Ideale wie als teilweise realisierte Projekte. Beide geben der soziologischen Analyse noch ungeheure Probleme auf. Der soziale Kontext individueller Autonomie muß noch erforscht werden, eine Aufgabe, bei der die Soziologie notwendigerweise in Interaktion mit der Geschichtswissenschaft wie auch der Psychologie treten muß. In Zusammenhang mit der Psychologie ergibt sich das faszinierende Problem der modernen Identität mit ihren vielfachen Verästelungen und vielleicht die Entwicklung eines neuen methodischen Ansatzes, den man als *soziologische Psychologie* bezeichnen kann. Viel Raum bleibt noch für die Erkundung des sozialen Kontextes politischer Freiheit – beispielsweise des durch spezifische kulturelle und ökonomische Institutionen geschaffenen Kontextes. Die Soziologen haben noch viel zu tun, um moderne Werte wie soziale Gerechtigkeit oder Gleichberechtigung und ihre ständig wechselnden Bedeutungen in der modernen Welt zu interpretieren. Von großer Wichtigkeit ist die soziologische Kritik allen geplanten sozialen Wandels, sei es auf dem Wege von Planung oder Revolution. Ferner ist da noch das weite Feld sozialer und sozialpsychologischer Dynamik des kulturellen Pluralismus sowohl innerhalb von wie zwischen Gesellschaften. Wir haben aufregende Grenzbereiche zwischen Soziologie und verschiedenen anderen Wissenschaften (einschließlich der Humanbiologie) und zwischen Soziologie und verschiedene Bemühungen um Konstruktion einer angemesseneren philosophischen Anthropologie.

Es wäre vermessen, wollten wir hier so etwas wie eine Hierarchie von Prioritäten für den Aufgabenbereich der Soziologie skizzieren. Wir haben die obigen Forschungsbereiche nur erwähnt, um damit anzudeuten, daß nach unserer Auffassung die Aufgabe der Soziologie keineswegs beendet ist. Zum Glück gibt es einen breiten Mittelraum zwischen der Beschränkung auf die Errungenschaften der Klassik und deren Ignorierung aufgrund der Konzentration auf Bagatellen. Positiver formuliert, die intellektuelle Energie, die ihren Anfang nahm mit Emile Durkheim, Max Weber und anderen Großen, auf deren Schultern wir stehen, diese Energie hat sich nicht erschöpft. Viel Arbeit bleibt noch zu tun, in der Theoriebildung wie in der Sammlung empirischer Befunde. Die Methode der Soziologie ist noch nicht steril geworden. Sie hat immer noch eine vielversprechende Zukunft.

Unser Buch hat sich mit Methode wie auch mit Beruf beschäftigt und ist damit zwischen Problemen der Wissenschaft und der Ethik hin und her gependelt. Wir haben mit Nachdruck unsere Auffassung vom Soziologen-Beruf vertreten und ihn sowohl gegen technokratischen

Professionalismus wie gegen ideologische Pseudoprophetie abgehoben. Soziologie ist und bleibt ein Beruf mit einer Form des Bewußtseins, die von einer spezifischen wissenschaftlichen Methode erfüllt ist, und sie ist ein Beruf, der seine eigene existentielle Last zu tragen hat. Wenn Soziologie in authentischer Form überleben will, dann in Form eines solchen Berufes. Er steht in einer eindrucksvollen Tradition. Wenngleich diese Tradition sich nicht über die gesamte menschliche Geschichte erstreckt, so hat sie dennoch in einem Zeitalter außergewöhnlicher Metamorphosen und Krisen ihre Gültigkeit bewiesen. Wenn wir diese Tradition in die Zukunft projizieren, dann ist es vielleicht nicht vermessen zu behaupten, daß das seit Beginn der Soziologie Hervorgebrachte in der Kontinuität und Konsistenz seiner Fragestellungen durchaus als *sociologia perennis* bezeichnet werden kann. Wenn das Buch dabei hilft, Vertrauen in die Lebensfähigkeit einer solchen Soziologie wiederherzustellen, dann hat es seinen Zweck erfüllt.

Anhang

Empfohlene Lektüre

Für den Gedankengang dieses Buches ist gewissermaßen die ganze Geschichte der Soziologie von Bedeutung, so daß in den Anhang plausiblerweise ein ungeheuer großes Literaturverzeichnis aufgenommen werden könnte. Doch angesichts der angesprochenen Leserschaft wie des essayistischen Charakters des Buches würde das nur wenig Sinn ergeben. Statt dessen möchten wir hier nur wenige Bücher erwähnen, die der Leser bei der nachträglichen Beschäftigung mit der Erörterung in jedem Kapitel als hilfreich ansehen mag. Mit anderen Worten, es folgt keine Bibliographie im konventionellen wissenschaftlichen Sinne, sondern eine Liste von Büchern, die der Leser als Ausgangspunkt für eine selbständige Erkundung der angesprochenen Themen wählen kann.

Zu Kapitel 1

Eine frühere Darstellung, verfaßt von einem der beiden Autoren, über das Wesen der soziologischen »Sichtweise« findet sich in Peter L. Berger, *Invitation to Sociology,* Anchor Books, Garden City, N. Y. 1963 (dt. Ausg.: *Einladung zur Soziologie,* Walter Verlag, Olten 1969). Zu den Ursprüngen der Soziologie, vor allem in Frankreich, siehe Albert Salomon, *The Tyranny of Progress,* Noonday Press, New York 1955 (dt. Ausg.: *Fortschritt als Schicksal und Verhängnis,* Enke, Stuttgart 1957). Als gute Übersicht über heutige Ansätze in der soziologischen Theorie siehe Margaret Poloma, *Contemporary Sociological Theory,* Macmillan, New York 1979.

Zu Kapitel 2

Für ein grundlegendes Verständnis seiner Methode des Verstehens siehe Max Weber, *Wirtschaft und Gesellschaft,* Mohr, Tübingen 1921–22, 5. revidierte Auflage 1976. Zu Alfred Schütz' Ansatz im allgemeinen siehe seine *Collected Papers,* Bd. 1, Nijhoff, Den Haag 1962. Die Einführung zu diesem Band von Maurice Natanson ist für den bisher mit Schütz nicht vertrauten Leser noch immer die am besten zugängliche. Von besonderer Wichtigkeit für die in diesem Kapitel erörterten Themen sind Schütz' *Reflections on the Problem of Relevance,* Yale University Press, New Haven 1970 (dt. Ausg.: *Das Problem der Relevanz,* Suhrkamp, Frankfurt am Main 1971). Die Beziehung zwischen Soziologie und Phänomenologie: Maurice Natanson (Hrsg.), *Phenomenology*

and the Social Sciences, 2 Bde., Northwestern University Press, Evanston, Ill.
1973; George Psathas (Hrsg.), *Phenomenological Sociology,* Wiley, New York
1973; Thomas Luckmann (Hrsg.), *Phenomenology and Sociology,* Penguin
Books, Harmondsworth, Middlesex 1978. Ein sehr nützliches Buch, von
einem positivistischeren Standpunkt aus geschrieben, aber stark von der Phänomenologie beeinflußt, ist weiterhin Felix Kaufmann, *Methodology of the
Social Sciences,* Oxford University Press, New York 1944 (dt. Ausg.: *Metho-
denlehre der Sozialwissenschaften,* Wien 1936).

Zu Kapitel 3

Im Mittelpunkt der Erörterung dieses Kapitels steht natürlich die sogenannte
Wissenssoziologie. Zur Entwicklung dieser Subdisziplin siehe die folgenden
Werke: Werner Stark, *The Sociology of Knowledge,* Free Press, Glencoe, Ill.
1958; James Curtis und John Petras (Hrsg.), *The Sociology of Knowledge,*
Praeger, New York 1970; Gunter Remmling (Hrsg.), *Towards the Sociology of
Knowledge,* Routledge & Kegan Paul, London 1973. Zu Max Schelers grund-
legendem Werk auf diesem Gebiet siehe John Staude, *Max Scheler,* Free Press,
New York 1967. Zu Karl Mannheim siehe sein Buch *Ideology and Utopia,*
Routledge & Kegan Paul, London 1936 (dt. Ausg.: *Ideologie und Utopie,*
Friedrich Cohen, Bonn, 1929, 4. erw. Aufl.: Schulte-Bumke, Frankfurt am
Main 1965) und *Essays on Sociology of Knowledge,* Oxford University Press,
New York 1952 (dt. Ausg.: *Wissenssoziologie,* Luchterhand, Berlin u. Neuwied 1964). Für einen Versuch, die Schützschen Gedanken auf die Wissenssο-
ziologie anzuwenden, siehe Peter L. Berger und Thomas Luckmann, *Die
gesellschaftliche Konstruktion der Wirklichkeit; Eine Theorie der Wissenssoziologie,* S. Fischer, Frankfurt am Main 1969.

Zu Kapitel 4

Zu dem allgemeinen Problem der Versöhnung einer philosophischen Anthropologie mit den sozialwissenschaftlichen Vorstellungen der »Gebundenheit«
siehe Maurice Natanson, *The Journeying Self,* Addison-Wesley, Reading,
Mass. 1970. Die *loci classici* für äußere bzw. innere »Gebundenheit« finden sich
bei Emile Durkheim, *Les règles de la méthode sociologique,* Paris 1894 (dt.
Ausg.: *Die Regeln der soziologischen Methode,* Luchterhand, Neuwied 1965),
und George Herbert Mead, *Mind, Self and Society,* University of Chicago
Press, Chicago 1934 (dt. Ausg.: *Geist, Identität und Gesellschaft,* Suhrkamp,
Frankfurt am Main 1968). Als Kommentare über diese beiden Autoren siehe
Steven Lukes, *Emile Durkheim,* Allen Lane, London 1973; Robert Nisbet,
The Sociology of Emile Durkheim, Oxford University Press, New York 1974;
Maurice Natanson, *The Social Dynamics of George Herbert Mead,* Public
Affairs Press, Washington 1956. Zu dem tyrannischen Potential der Rationa-
lität der Aufklärung siehe J. L. Talmon, *The Origins of Totalitarian Demo-
cracy,* Praeger, New York 1968 (dt. Ausg.: *Die Ursprünge der totalitären*

Demokratie, Westdeutscher Verlag, Köln und Opladen 1961). Zu Max Webers Auffassung von der Beziehung zwischen Rationalität, Wissenschaft und Geschichte siehe Günther Roth und Wolfgang Schluchter, *Max Weber's Vision of History,* University of California Press, Berkeley 1979.

Zu Kapitel 5

Zu der Übertragung technologischer Gedankenmuster auf andere Lebensbereiche siehe Peter L. Berger, Brigitte Berger und Hansfried Kellner, *The Homeless Mind; Modernization and Consciousness,* Random House, New York 1973 (dt. Ausg.: *Das Unbehagen in der Modernität,* Campus, Frankfurt am Main 1977). Dieses Buch enthält unsere bisher vollständigste Darstellung der Beziehung zwischen Modernisierung und Bewußtsein. Zu der jüngsten Diskussion über die »Wissensklasse« siehe B. Bruce-Briggs (Hrsg.), *The New Class?,* Transaction Books, New Brunswick, N. J. 1979, und Alvin Gouldner, *The Future of Intellectuals and the Rise of the New Class,* Seabury, New York 1979 (dt. Ausg.: *Die Intelligenz als neue Klasse,* Campus, Frankfurt am Main 1980). Über Soziologie als Bemühen um »Theodizee« siehe Ernest Becker, *The Structure of Evil,* Braziller, New York 1968. Die Literatur über die Beziehung zwischen Marxismus und Sozialwissenschaft ist natürlich astronomisch in ihrem Ausmaß. Ein jüngeres Werk markiert vermutlich einen gewissen Höhepunkt in der kritischen Bewertung des Marxismus: Leszek Kolakowski, *Main Currents of Marxism,* 3 Bde., Clarendon Press, Oxford 1978 (dt. Ausg.: *Hauptströmungen des Marxismus,* 3 Bde., Piper, München 1977–79).

Zu Kapitel 6

Zur allgemeinen Frage der »Krise der Modernität« möchten wir auf unser oben zitiertes Buch *The Homeless Mind* hinweisen. In der klassischen Soziologie ist Vilfredo Pareto der Entwicklung einer Dekadenz-Theorie am nächsten gekommen, und zwar in *The Mind and Society,* 2 Bde., Dover, New York 1963. Als nützliche Auswahl aus Paretos monumentalem Gesamtwerk siehe S. E. Finer (Hrsg.), *Vilfredo Pareto; Sociological Writings,* Praeger, New York 1966. Zu Arnold Gehlen siehe sein Buch *Die Seele im technischen Zeitalter,* Rowohlt, Hamburg 1957. Als stark von Gehlen beeinflußte interessante Erörterung des modernen Bewußtseins siehe Anton Zijderveld, *On Clichés; The Supersedure of Meaning by Function in Modernity,* Routledge & Kegan Paul, London 1979.

Namen- und Sachregister

Fischer Wissenschaft

Sigmund Freud
Studienausgabe
Die erste kommentierte deutsche Edition
Herausgegeben von Alexander Mitscherlich u. a. 10 Bände,
1 Ergänzungsband, Konkordanz und Gesamtbibliographie
in Kassette *Band 7300*. Alle Bände sind einzeln erhältlich.

Anna Freud/Dorothy Burlingham
Heimatlose Kinder
Zur Anwendung psychoanalytischen Wissens auf die
Kindererziehung. *Band 7314*.

Joachim Schickel
Philosophie als Beruf
Band 7315

Sándor Ferenczi
Schriften zur Psychoanalyse
Auswahl in 2 Bänden. Herausgegeben von Michael Balint.
Band 1 / Bd. 7316
Band 2 / Bd. 7317

Hansjürgen Blinn
Informationshandbuch
»Deutsche Literaturwissenschaft«
Band 7318

Karl Abraham
Gesammelte Schriften in zwei Bänden
Neu zusammengestellt, herausgegeben und eingeleitet
von Johannes Cremerius
Band 1 / Bd. 7319
Band 2 / Bd. 7320

Fischer Taschenbuch Verlag

Fischer Wissenschaft

Henri Pirenne
**Geschichte Europas von der Völkerwanderung
bis zur Reformation**
Band 7321

Bruno Bettelheim
Die symbolischen Wunden
Pubertätsriten und der Neid des Mannes
Band 7322

Melanie Klein/Joan Riviere
Seelische Urkonflikte
Liebe, Haß und Schuldgefühl
Band 7323

Gerald H. J. Pearson
Handbuch der Kinder-Psychoanalyse
Einführung in die Psychoanalyse von
Kindern und Jugendlichen
Band 7324

Hanna Segal
Melanie Klein
Eine Einführung in ihr Werk
Band 7325

Harry Stack Sullivan
Die interpersonale Theorie der Psychiatrie
Band 7326

Fischer Wissenschaft

Sven Papcke
Vernunft und Chaos
Soziologische Essays zur sozialen Ideengeschichte
Band 7328

Jakob von Uexküll/Georg Kriszat
**Streifzüge durch die Umwelten von Tieren
und Menschen/Bedeutungslehre**
Band 7331

Ernest Jouhy/Leo Kauffeldt
**Zur historischen und psychologischen
Kategorie des Elends**
Band 7332

Jean Piaget
Biologie und Erkenntnis
Über die Beziehungen zwischen organischen
Regulationen und kognitiven Prozessen.
Band 7333

Bronislaw Malinowski
**Magie, Wissenschaft und Religion/
Und andere Schriften**
Band 7335

Fischer Taschenbuch Verlag

fi 66/2c

Fischer Wissenschaft

Peter L. Berger

Peter L. Berger, 1929 in Wien geboren, lebt seit 1946 in den Vereinigten Staaten, wo er Philosophie und Soziologie studierte. Er ist seit 1970 Professor für Sozialwissenschaften an der Rutgers University in New Brunswick, New Jersey.

Der Zwang zur Häresie
Religion in der pluralistischen Gesellschaft
Aus dem Amerikanischen von Willi Köhler.
224 Seiten. Broschur

Auf den Spuren der Engel
Die moderne Gesellschaft und die
Wiederentdeckung der Transzendenz
Fischer Taschenbuch Band 6625

Brigitte Berger und Peter L. Berger
In Verteidigung der bürgerlichen Familie
Aus dem Amerikanischen von Bernadette Eckert.
288 Seiten. Broschur

Peter L. Berger und Thomas Luckmann
Die gesellschaftliche Konstruktion der Wirklichkeit
Eine Theorie der Wissenssoziologie
Fischer Taschenbuch Band 6623

Peter L. Berger und Hansfried Kellner
Für eine neue Soziologie
Ein Essay über Methode und Profession
Fischer Taschenbuch Band 7336

S. Fischer